JN196949

越後史跡紀行

～歴史と人物～

花ケ前盛明

本書は2013年1月から2017年10月まで「新潟日報」に連載された「越後史跡紀行」（全85話）をまとめたものです。出版に当たり掲載順を上越・中越・下越の順に変更し、一部加筆修正を行いました。各項末尾の年月日は新聞掲載日です。

はじめに

戦国時代、上杉謙信の居城春日山城とその城下町越後府中（府内）が越後の中心であった。春日山城の規模は極めて広大で、標高180メートルの春日山の全域に及ぶ。面積は500ヘクタールを超える。その縄張りは、まさに天下の名城の名にふさわしい。国の史跡に指定されていて、日本の名城百選に入っている。

春日山城から越後各地へ通ずる街道の要衝（中越口・関東口・信州口・越中口）に構築された山城は、春日山城防衛上、重要な役割を果たした。この支城群を含めた春日山城は、まさに天下の名城であったといえる。

⑴中越口　上越地方から中越地方（長岡市方面）へ通ずる越後統治の道であった。上杉謙信が越後を統治するに当たり、重要な役割を果たした。特に中越地方との境に位置する米山（標高993メートル）の山麓米山峠（柏崎市）は、軍事上重要な拠点であった。ここを警備するため旗持城（柏崎市）・猿毛城（上越市柿崎区）・顕法寺城（上越市吉川区）などの山城が築かれた。謙信死後に起こった1578（天正6）年の御館《おたて》の乱の際、ここを押さえた上杉景勝が勝利を得たことでも分かる。

(2)関東口　上杉謙信が関東へ出陣した軍道である。春日山城から十日町市・南魚沼市・三国峠を越えて関東へ通じていた。ここを警備するため直峰《のうみね》城（上越市安塚区）・犬伏《いぬぶせ》城（十日町市）などの山城が築かれた。

(3)信州口　信州川中島への道であった。上杉謙信が川中島へ出陣した軍道であり、信越国境警備の任務を持った山城である。ここには箕冠《みかぶり》城（上越市板倉区）・鮫ケ尾《さめがお》城・鳥坂城（妙高市）などの山城が築かれた。

(4)越中口　上杉謙信上洛への道であり、越中口警備の任務を持った山城である。不動山《ふどうやま》城・根知《ねち》城・勝山城（糸魚川市）などの山城が築かれた。

これらの春日山城を取り囲む支城群を含めた上越地方は、広義の春日山城であったといえよう。

中越地方のうち柏崎地区には、守護上杉氏一族の上条城、鎌倉幕府公文所別当大江広元の子孫北条《きたじょう》氏の北条城（柏崎市）、謙信の奉行斎藤朝信《とものぶ》の赤田城（刈羽村）が、長岡地区には謙信の母虎御前の実家の栖吉城、謙信初陣の栃尾城、上杉家譜代の直江家の本与板城・与板城、甘粕近江守の桝形城（長岡市）、魚沼地区には長尾政景・上杉景勝の坂戸城、御館の乱の際の関東北条《ほうじょう》軍の拠点となった樺沢城（南魚沼市）、三国峠入り口の拠点荒戸城（湯沢町）、南朝方の拠点となった大井田城（十日町市）などがあった。

下越地方の新潟地区では、大国実頼の天神山城（新潟市）、黒田秀忠の黒滝城（弥彦村）

があった。

下越地方は特に揚北衆《あがきたしゅう》（阿賀野川以北の豪族たち）が割拠していた。この地区には鎌倉時代初期に鎌倉幕府から地頭に任命され入国した豪族たちがいた。

本庄氏の村上城、色部氏の平林城、鮎川氏の大葉沢城（村上市）、中条氏の鳥坂《とっさか》城・江上館、黒川氏の黒川城（胎内市）、新発田氏の新発田城、加地氏の加治城、竹俣氏の竹俣城（新発田市）、水原氏の水原城、安田氏の安田城（阿賀野市）などがあった。

１５９８（慶長３）年、上杉景勝が会津へ移り、豊臣秀吉の功臣堀秀治が45万石で春日山城に入った。秀治は直江津港近くに福島築城を始めた。ところが秀治が31歳で没し、子忠俊《ただとし》が１６０７（慶長12）年、春日山城を廃し福島城に入った。こうして春日山城は２５０年でその生命を終えた。一方、徳川家康は徳川政権確立のため、１６１０（慶長15）年、忠俊に替え６男・忠輝を入れた。

１６１４（慶長19）年忠輝は福島城を廃し高田城を築いて移ったが、１６１６（元和２）年領地を没収された。以後、越後国内では大名の交代が激しく行われ、越後は11藩となり、さらに各所に陣屋も置かれ、明治維新を迎えるのである。

花ケ前盛明

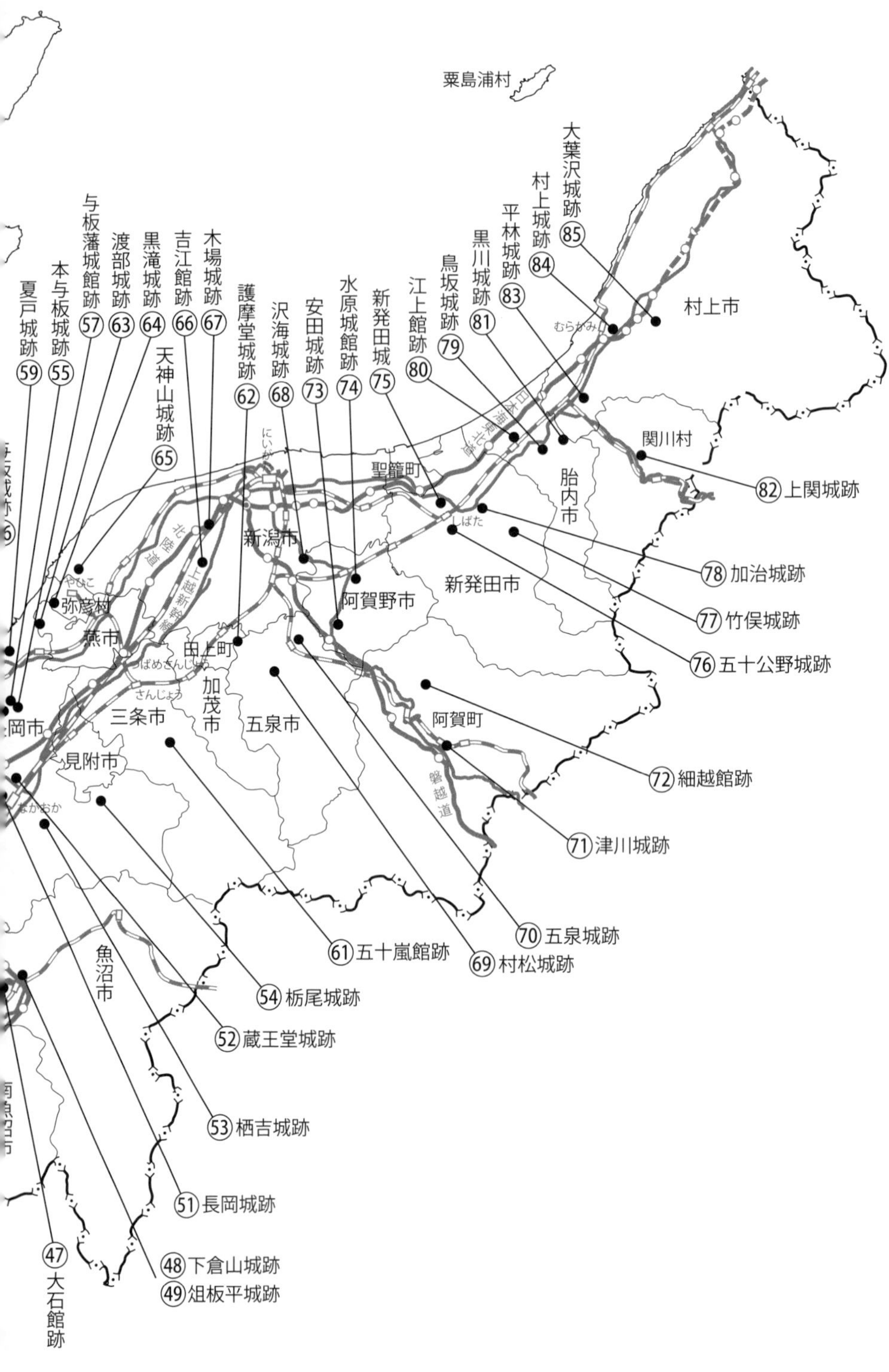
粟島浦村
村上市
関川村
胎内市
新発田市
聖籠町
新潟市
阿賀野市
阿賀町
五泉市
加茂市
田上町
三条市
燕市
弥彦村
見附市
魚沼市
むらかみ
にいがた
しばた
やひこ
つばめさんじょう
さんじょう
なかおか
日本海東北道
北陸道
上越新幹線
磐越道
85 大葉沢城跡
84 村上城跡
83 平林城跡
81 黒川城跡
79 鳥坂城跡
80 江上館跡
75 新発田城
74 水原城館跡
73 安田城跡
68 沢海城跡
62 護摩堂城跡
67 木場城跡
66 吉江館跡
65 天神山城跡
64 黒滝城跡
63 渡部城跡
57 与板藩城館跡
55 本与板城跡
59 夏戸城跡
82 上関城跡
78 加治城跡
77 竹俣城跡
76 五十公野城跡
72 細越館跡
71 津川城跡
70 五泉城跡
69 村松城跡
61 五十嵐館跡
54 栃尾城跡
52 蔵王堂城跡
53 栖吉城跡
51 長岡城跡
48 下倉山城跡
49 俎板平城跡
47 大石館跡

『越後史跡紀行』掲載一覧図

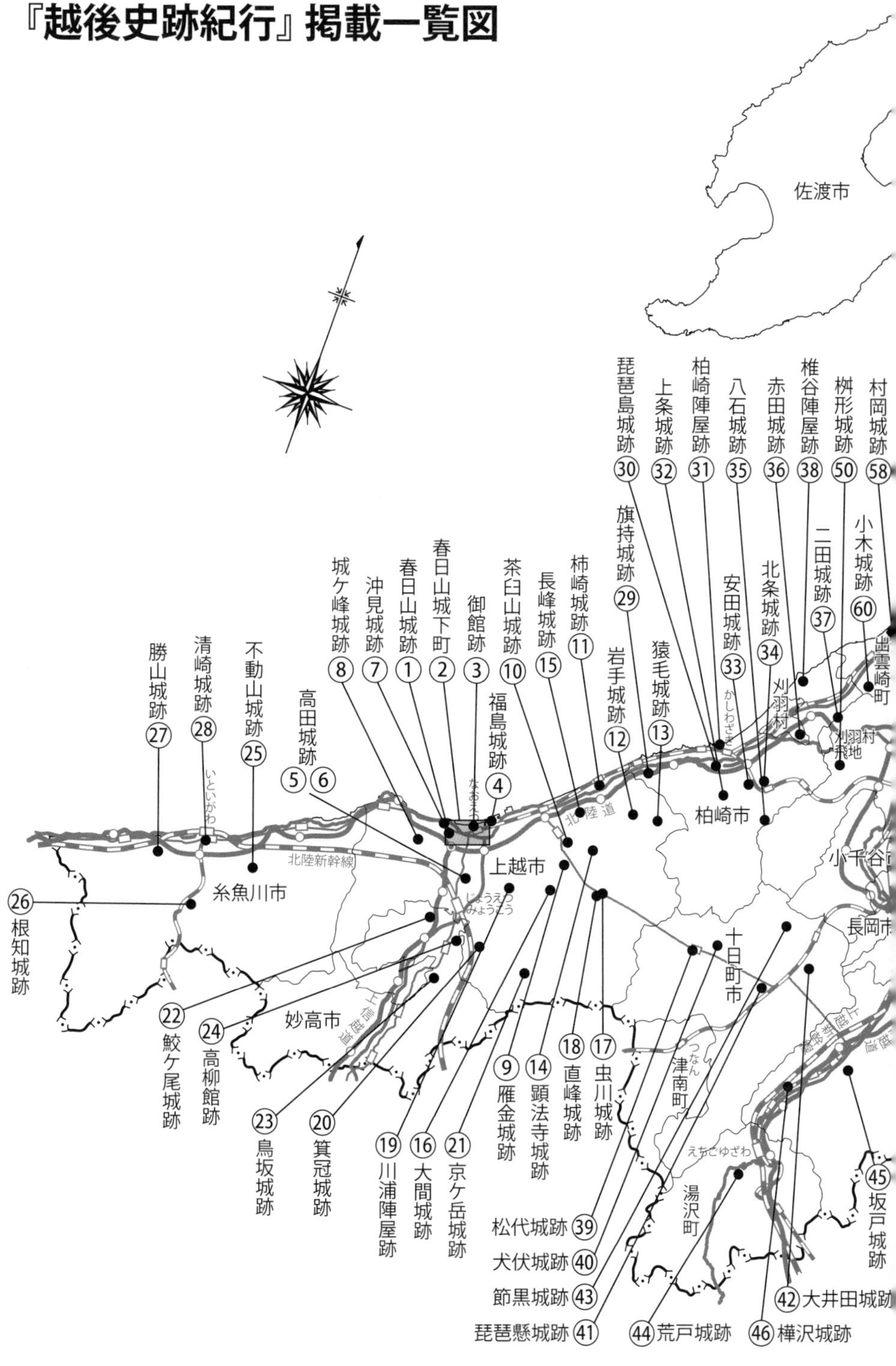

もくじ

越後史跡紀行

——歴史と人物——

1 春日山城跡

天下に響く謙信の拠点

春日山城跡は上越市大豆《だいず》に位置する標高180メートルの山城で、国の史跡に指定されている。2009（平成21）年のNHK大河ドラマ「天地人」以来、ここを訪れる観光客が多い。

本丸跡から米山をはじめとした頸城連山、上越市街地、直江津港などが眺望できる。

上越地方を掌握できる要衝に立地しているため、室町時代の初め（1341年）、上杉憲顕《のりあき》が越後守護として入国した際、築城したと思われる。「春日山」の名称は、藤原氏出身の憲顕が奈良春日大社の御祭神を勧請《かんじょう》し、城内に春日神社を創建したことに由来する。

春日山を城郭として整備したのは、上杉謙信で、景勝、堀秀治も手を加えた。謙信は19歳で春日山城主になってから、49歳で死去するまでの30年間、ここを本拠地に信濃、関東、北陸、京都へと東奔西走した。

景勝が豊臣秀吉の命で1598（慶長3）年、会津へ移り、代わって堀秀治が入城した。秀治は間もなく直江津港の近くに、福島築城を始めた。9年後の1607（慶長12）年、子の忠俊《ただとし》が春日山城を廃して移ったため、250年余りでその歴史を閉じた。

春日山城は天下の名城の名にふさわしく、規模が大きい。遺構は春日山の全域に及び、面積は500ヘクタールを超える。本丸跡、天守台跡、大井戸、毘沙門堂、二の丸跡、三の丸跡、景勝屋敷跡、直江屋敷跡などがある。

南側と西側は尾根続き、北側は深い谷に臨む。東側

上杉謙信が本拠地とした春日山城跡

は平野に接するが、愛宕谷《あたごだに》、対馬谷《つしまだに》、但馬谷《たじまだに》が深く食い込む。周囲の展望は優れ、城下町府中（府内）を北東4キロに望み、北陸、関東、信濃へ通じる街道を制する軍事上、交通上の要であった。

　本丸跡から山麓へ延びる尾根などには、郭《くるわ》（曲輪《くるわ》）、空堀、土塁などを配している。本丸跡西下の大井戸は直径10メートル、山城の井戸として全国最大で、現在も水を満々とたたえている。城下の大豆から中屋敷にかけては監物《けんもつ》堀、監物土居が1・2キロにわたって構築され、今日もその一部が遺《のこ》っている。堀秀治の家老堀監物直《なお》政《まさ》が築いたもので、この名称がある。春日山城跡入り口には春日山城跡ものがたり館と上越市埋蔵文化財センターがある。

（2013年1月8日）

2 春日山城下町

謙信時代に栄えた府内

春日山城下町は府内と春日に分かれる。それは上杉謙信が関東へ出陣中、府内と春日の火の用心を春日山城留守将に厳命していることで分かる。

謙信は、府内を府中とも呼び、今の上越市の直江津駅南から五智地区一帯にかけての地域であった。春日は春日山城の山麓、春日地区の春日から中屋敷一帯にかけての地域であった。この二つの都市は別々に存在したのではなく、春日山城下町として行政的には一つの都市であった。

府内は奈良時代以降、北陸道の要衝で、水門《みと》のあったところである。特に上杉謙信時代、越後の政治、経済、文化の中心地として繁栄。その中心が御館《おたて》（同市五智1）であった。この付近には有力家臣の館や寺社、有力町人が集まり、旅人の往来でにぎわった。

謙信は府中全戸を板《いた》屋葺《やぶき》にさせ、従わない者を立ち退かせるよう厳命している。京都風の街並みを造ろうと考えていたのであろう。

府内の代表的な寺社を記してみよう。

至徳寺（廃寺。同市東雲《とううん》町2、徳泉寺境内）は越後守護上杉家の菩提《ぼだい》寺で、１３８４～87（至徳）年間に上杉憲顕の孫僧可《そうか》によって建立された。関白近衛前嗣《さきつぐ》をはじめ、文化人たちの宿舎となった。

安国寺（寺跡不明、同市西本町2）は足利尊氏の発《ほっ》願《がん》で、１３４５（貞和元）年をあまり下らない時期に建立された。室町8代将軍足利義政は１４８６（文明18）年、越後安国寺のために安国寺船を朝鮮へ遣わせ、

長い歴史を持ち、「越後一の宮」として崇敬されてきた居多神社

大蔵経を求めた。

府中八幡宮（同市西本町3）は石清水《いわしみず》八幡宮を勧請して越後の総社として崇敬されたと伝えられる。謙信時代には、御館の鬼門鎮護の神社として崇敬された。

善光寺（廃寺。同市五智2、十念寺境内）は、上杉謙信が第2回川中島の合戦後、長野善光寺大御堂《おおみどう》の本尊、善光寺如来像を携えて帰り、越後善光寺を創建した。

国分寺（同市五智3）は室町時代、海岸近くにあったが、1562（永禄5）年、謙信が現在地に移築した。

居多《こた》神社（同市五智6）は大国主命《おおくにぬしのみこと》、奴奈川《ぬなかわ》姫、建《たけ》御名方命《みなかたのみこと》を祭神とし、813（弘仁4）年に朝廷から従五位下を、861（貞観3）年には従四位下を賜った。醍醐《だいご》天皇の勅命によって編さんされた「延喜式《えんぎしき》」（927年完成）に記載されている延喜式内社である。越後守護上杉家や上杉謙信の保護を受け、「越後一の宮」として崇敬されてきた。

（2017年10月24日）

3 御館跡

謙信が政庁として使用

御館跡は信越本線直江津駅西方1キロ、上越市五智1丁目にある。御館の中心部は「御館公園」となっており、「史跡　御館」の石碑が立っている。2009（平成21）年のNHK大河ドラマ「天地人」の際、県外ナンバーの車がたくさん訪れた。

1552（天文21）年、関東管領上杉憲政《のりまさ》が小田原城主北条氏康《ほうじょううじやす》に敗れ、上杉謙信を頼ってきた。謙信は憲政の館として御館を築造した。以後、謙信はここを政庁として使用した。

御館は謙信の城下町の「府中」（府内）の中心であった。付近には上杉家の菩提寺・至徳寺、足利尊氏発願の安国寺、謙信が信濃善光寺大御堂本尊を移した善光寺、聖武天皇勅願の国分寺、越後一の宮居多神社などがあった。

1578（天正6）年3月13日、謙信が死去すると、養子の景勝と景虎とが家督相続をめぐって争った。御館の乱である。景勝は春日山城に、景虎は御館に立て籠《こ》もり、国内の武将たちも双方に分かれて戦った。

翌1579（天正7）年2月になると、景勝は大軍を府中に進め、御館を攻撃した。3月17日、御館は景勝軍の猛攻撃を受け、あえなく落城した。この際、居多神社の神主花ケ前《はながさき》家も景虎側に味方し、能登へ逃亡した。

上杉憲政は景虎の長男道満丸《どうまんまる》を伴い、和議仲裁のため春日山城へ向かう途中、四ツ屋砦《とりで》で景勝の兵に斬殺された。敗れた景虎は兄、北条氏政《ほうじょううじまさ》のいる小田原城へ

謙信の跡目争いの舞台にもなった御館跡

逃亡しようと鮫ケ尾城《さめがお》（妙高市）に立ち寄ったが、城主堀江宗親《むねちか》の謀反により、3月24日、自害した。その後も戦闘は続いたが、1581（天正9）年に北条輔《きたじょうすけ》広《ひろ》の北条城《きたじょう》（柏崎市）が落城し、乱は終息した。

御館の内郭は東西135メートル、南北150メートルで、周囲に土塁と堀を巡らせていた。

1964（昭和39）年から3カ年間にわたる発掘調査の結果、全国でも屈指の館城であることが分かった。

種子島の銃弾、武具、刀剣、銭貨、漆器、曲げ物、べっこう製のくしやかんざしなど、高価な遺物がたくさん出土した。これらから上杉家と京都との交渉や、当時の上杉家の優雅な生活ぶりがしのばれる。

（2013年1月22日）

4 福島城跡

豊臣支配の要所に配置

福島城跡は上越市港町2、直江津港付近に築かれた近世の典型的な平城である。

今日、本丸跡には上越市立古城小学校と新日鉄住金直江津製造所が立っている。そのため本丸跡東南隅土塁と隅櫓《すみやぐら》礎石、土塁の腰巻石や「福島城址」「史跡福島城跡」の石碑が、わずかに往時の名残をとどめているにすぎない。

1967（昭和42）年から69年にかけての発掘調査で、搦手門《からめてもん》、隅櫓などの規模が明らかとなった。同時に陶磁器（白磁・青磁・染付・織部・志野・天目・唐津など）、瓦（平瓦・丸瓦・軒平瓦・軒丸瓦・しび）などの遺物が数多く出土した。福島城の礎石（花崗《かこう》岩）は今日、高田城三重櫓下と上越市立歴史博物館前に置かれている。

1598（慶長3）年、上杉景勝が会津へ、代わって豊臣秀吉の功臣堀秀治が越後45万石の大名として春日山に入城。秀吉は江戸城の徳川家康を牽制《けんせい》するため、信頼のおける秀治を越後に封じたのである。

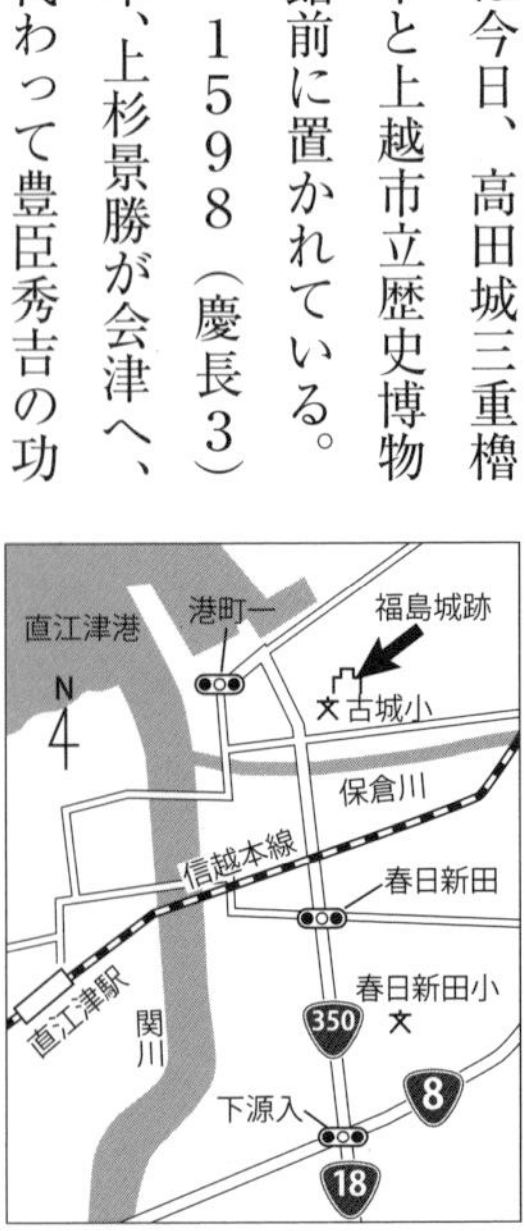

秀治は、まもなく福島築城を始めた。その時期は1600（慶長5）年の越後一揆（上杉遺民一揆）を鎮圧した後、まもなくのことであろう。鉄砲の使用により山城の機能が失われ、国政の中心としての適地に大規模な城郭を造る必要が生じたからである。

秀治は城の完成を見ないで1606（慶長11）年、春日山城で病死。翌年、嗣子忠俊が福島城に入った。堀家が福島築城、越後支配に難渋していたころ、中央

上越市の古城小学校に遺る福島城の土塁と石碑

では徳川家康と豊臣家との対立が激しさを増していた。

家康はすでに1603（慶長8）年、征夷大将軍に任ぜられ、江戸幕府を開いた。しかし大坂城では秀吉の遺子秀頼が健在で、不穏な空気が漂っていた。堀家は関ケ原の合戦で家康に味方したとはいえ、徳川政権樹立上の障害となる。そのうえ、加賀の前田家、出羽の上杉家を牽制するためにも、越後を徳川家一門で固めておく必要があった。

1610（慶長15）年閏《うるう》2月2日、家康は「忠俊は幼年で大国を支配する器量がない」として、越後を没収し、代わりに六男忠輝を福島城に入れた。

忠輝はまもなく高田菩提ケ原に築城を始めた。1614（慶長19）年、夫人五郎八《いろは》姫と高田城に移ったため、福島城はわずか7年間でその生命を終えた。

（2013年7月9日）

5 高田城跡 (1)

政宗が普請を陣頭指揮

高田城跡は徳川家康の六男松平忠輝によって築かれた近世の典型的な平城で、上越市本城町にある。忠輝は1610（慶長15）年、福島城主になると、間もなく菩提ケ原に新城を築いた。

築城の理由は、①加賀の前田氏、出羽の上杉氏に対抗するため②諸大名に天下普請を命じることにより経済的圧迫を加えようとしたこと③佐渡金山の支配を強化するためなど。このことから越後に徳川一門の城が必要であった。

1614（慶長19）年3月15日、本格的な工事が始まった。仙台城主伊達政宗、米沢城主上杉景勝ら13人の大名が家康の命令で参加した。特に忠輝のしゅうとの伊達政宗は、普請総裁として自ら陣頭指揮を執った。政宗の娘五郎八姫が忠輝に嫁いでいたことによる。

7月には、忠輝は福島城を廃して高田城に入った。ところが忠輝は家康の怒りに触れ、入城わずか2年後の1616（元和2）年、城地を没収された。

以後、酒井家10万石、松平忠昌25万石、松平光長26万石、稲葉正通10万3千石、戸田忠真《ただざね》6万7850石、松平越中守家10万3千石を経て、1741（寛保元）年、榊原家が15万石で入城。廃藩置県まで榊原家は6代、約130年続いた。

高田城は石垣を構築せず、天守閣も造らなかった。大坂冬の陣（1614年）の直前で工事を急いだこと、付近に石材がなかったことなどによる。本丸西南隅の3層の櫓が高田城のシンボルであった。

高田城のシンボルである三重櫓

城がほぼ完成したのは、半世紀後の松平光長時代である。関川の流れを変え、一部をせき止めて外堀とし、青田川、儀明川を改修して堀の役割を持たせた。外郭には武家屋敷を配し、その外側に土塁を築いて防備を固めた。

その上、青田川の西に町人町と寺院を配し、寺の境内・建物などを防御施設として利用しようとした。碁盤の目のような道路と、「T」「L」「┓」「┏」形などの道路を造って見通しを悪くし、小勢でも十分守れるように配慮している。

城跡は県指定文化財になっており、高田公園として市民に親しまれている。特に夜桜は日本三大夜桜の一つに数えられている。

（2013年2月26日）

6 高田城跡（2）

福島城の礎石を本丸に

高田城跡は上越市本城町に位置する平城である。高《こう》陽《よう》城、螺《ら》城、鮫ケ城、関城ともいう。2017年春、「続日本100名城」に選ばれた。

本丸跡は東西約220メートル、南北約230メートルの方形で、二の丸跡より1～2メートル高い。本丸に福島城の礎石（花崗岩の切石）が使用されていた。その一部が本丸跡と上越市立歴史博物館前にある。

本丸跡周囲に高さ5～10メートルの土塁、その外側には犬《いぬ》走《ばしり》が残っている。本丸には本丸御殿、三重櫓、諸番所、諸部屋などがあった。

本丸の南口が大手であった。極楽橋を渡り、蹴出《けだし》門《もん》をくぐると、2層の本城御門（大手門）があった。2014（平成26）年の発掘調査で、ここから三葉葵《みつばあおい》紋の鬼瓦片が一片出土した。松平忠輝の築城を物語る。

東口は搦手で、縄手橋を渡ると二層の東不明門《ひがしあかずもん》があった。北口は御茶屋橋を渡り北不明門《きたあかずもん》をくぐると、本丸に入った。この門は平門で、北の丸の花畑・茶屋へ行くときに利用された。

本丸土塁のうち北東部分だけが屈曲が多く、櫓もなかった。鬼門であったため、建造物などを建てなかったのであろう。

現在、本丸跡の西側に二の丸から入る通路がある。これは1908（明治41）年、陸軍第13師団が入城した際、土塁を切って通路としたのである。

外郭には武家屋敷を配した。その範囲は東が関川、南が百間堀、西が青田川、北が旧関川跡に囲まれた地

高田公園の極楽橋

域で、現在の大手町、西城町、北城町、東城町、南城町である。

町人町は青田川の西に配し、町割《まちわり》は経済的目的から碁盤割りに造られた。寺町は町人町の西に南北に2列に配した。

高田城下から出る三つの出口（伊勢町口、陀羅尼《だらに》口、稲田口）には木戸と番所を置き、軍事上から寺社を配した。

榊《さかき》神社（大手町）は1876（明治9）年、高田藩主の別邸であった対面所跡に創建された。神社にお駕《か》籠《ご》（橘源氏車紋松竹梅蒔絵乗物《たちばなげんじくるまもんしょうちくばいまきえのりもの》）が所蔵されている。1816（文化13）年、彦根藩主井伊直中《いいなおなか》の娘知《さと》姫が榊原12代政養《まさきよ》に輿《こし》入れする際、乗ってきたものである。榊原家と井伊家の家紋が飾られている。知姫は幕府の大老井伊直弼《なおすけ》の姉である。

神社には藩祖榊原康政が初陣のとき着用したと伝えられている「無」の字の甲冑《かっちゅう》（市指定文化財）があり、ご神体として祭られている。

（2017年6月13日）

7 沖見城跡

謙信の軍港警備を担う

沖見城跡は上越市五智国分に位置する山城。別名舟《ふな》見《み》城。標高160メートル。えちごトキめき鉄道直江津駅下車。国道8号を行き岩戸川から20分、岩殿山明静院《みょうじょう》(五智国分)へ、ここから急な山を登ること10分、沖見城跡に至る。

山頂(本丸跡)からの展望は、きわめてよい。眼下に日本海、北陸道が掌握できる。春日山城跡から2・5キロの距離にある。春日山城の砦群の一つで、上杉謙信の軍港「郷津」を警備する重要な任務をもった。郷津は「国府《こう》の津《つ》」の転訛《てんか》したものともいわれている。海に船が停泊できる潤《ま》があったという。

山頂は幅10メートル、長さ25メートル。その西に高さ5メートル、長さ20メートルの土塁があり、その外側に深さ6メートルの空堀と削平地が見られる。山頂の北側は絶壁で、東南下方に数段の削平地があり、明静院に下る。小規模な砦跡である。

城跡の中腹に天台宗明静院はある。寺伝によると、聖武天皇の御代《みよ》に創建され、妙徳院と号した。室町から戦国時代にかけて、守護上杉家や上杉謙信の保護をうけたという。1751(寛延4)年の大地震で倒壊、廃寺となった。1902(明治35)年、住職長谷川氏によって再興されたのが明静院である。

寺には大日如来坐像《ざぞう》(国重要文化財)が安置されている。像高117センチ、榧《かや》材の一木造り、漆箔《しっぱく》が施されている。細くしまった腰、厚く組んだ膝、おだやかな容姿、衣文《えもん》の彫り方などに平安時代後期(12世紀後半)の特色がある。

日本海を眼下に置く沖見城跡

虫生《むしゅう》岩戸《いわと》集落の海上4キロに「二ツ栗《ふたつくり》岩」という二つの大きな岩がある。1187（文治3）年、源義経が奥州平泉へ落ち延びたとき、ここを通ったと伝える。『義経記』に「かくていはと（岩戸）のさきをもいて給《たまい》て、ゐちこ（越後）の国府、なおえ（直江）の津はなぞの（花苑）のくわんをん（観音）堂と云《いう》所につき給《たま》ふ」とある。かつてこの岩まで陸地で、ここに街道が通っていたことを物語っている。

岩戸川の東方約1キロ、北陸道に沿って居多神社が鎮座していた。1879（明治12）年、海岸浸食で現在地（五智6）に移った。祭神は大国主命・奴奈川姫・建御名方命・事代主命《ことしろぬしのみこと》。縁結び、子宝・安産祈願の神として信仰されている。

古代、朝廷から813（弘仁4）年に従五位下を、861（貞観3）年に従四位下を賜った。927（延長5）年の延喜式内社で、越後守護上杉家や上杉謙信の保護をうけ、越後一の宮として崇敬された。

（2016年2月9日）

8 城ケ峰城跡

春日山城裏の防備拠点

城《じょう》ケ峰《がみね》城跡は上越市中桑取に位置する標高295メートルの山城。えちごトキめき鉄道有間川駅で下車し、中桑取集落センターから整備された林道を3キロ登ると、城ケ峰城跡に着く。小型トラックなら山頂下駐車場まで行ける。

山頂（中心郭）には、2010（平成22）年9月建立の「史蹟　城ケ峰砦跡」の石碑がある。ここからの展望は、極めてよい。東方に正善寺ダムから春日山城跡、西方に日の入城跡（名立区）、北方に日本海が眺望できる。8月の謙信公祭では、ここで狼煙《のろし》を上げている。

中心郭は東西50メートル、南北60メートルで広い。ここの東端に深さ1・5メートル、長さ約20メートルの横堀らしき遺構が3条見られる。中心郭の南下、尾根に沿って幅40メートル、長さ150メートルの平坦《へいたん》地がある。訓練所だったと伝えられている。

春日山城から西方4キロの城ケ峰を越えて中桑取に至る道は春日山城裏街道で、「城ケ峰越《ごえ》」ともいわれた。城ケ峰城は春日山城の越中口防備の拠点の一つであった。続いて今の糸魚川市に当たる場所には徳《とく》合《あい》城、不動山《ふどうやま》城、根知《ねち》城、勝山城などの城砦《じょうさい》群があった。

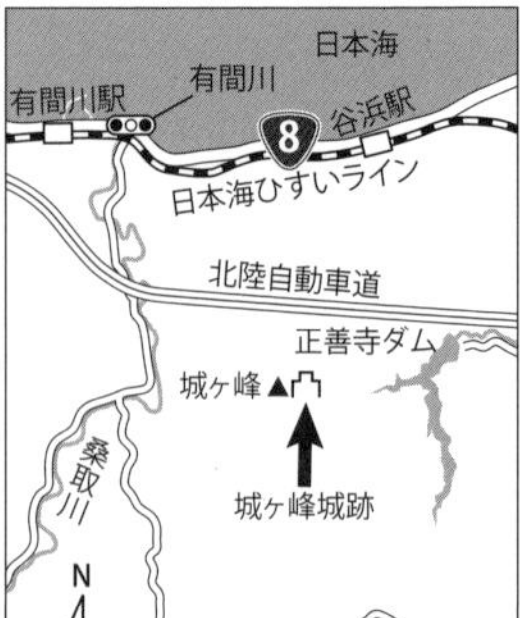

戦国時代、中桑取を中心とした桑取・谷浜地域の一部は、越後安国寺領であった。「安国寺文書」1511（永正8）年7月に「鍬（桑）取保内一橋、同所同長浜」とある。

安国寺は1345（貞和元・興国6）年、足利尊氏の発願によって一国一寺一塔が建立された。1507（永正4）年8月、守護上杉房能《ふさよし》が守護代長尾為景《ためかげ》に

春日山城の背後を防備する拠点だったとされる城ケ峰城跡に立つ石碑

越後府中（直江津・五智地域）を追われた。その際、「安国寺文書」も紛失した。しかし1511（永正8）年、紛失したうち、6通を越中国で買い求め、守護上杉定実《さだざね》に安堵《あんど》を願い出た。

　京都相国寺の僧万里集九《ばんりしゅうく》は1488（長享2）年、越後府中を訪れた際、上杉家の菩提寺の至徳寺、吉川区の雲門寺とともに、安国寺を越後三大名刹《めいさつ》の一つに数えた。安国寺は上越市西本町2丁目付近にあったと推定されている。「史跡　安国寺跡」の石碑は、西本町2丁目5番32号の小股家の前に立っている。

　言い伝えによると、桑取谷の農民は、兵糧・炭俵を春日山城に運び、城付《しろつき》農民の誇りを持っていたという。特に齋京家は上杉謙信から桑取谷の守備を命じられていたと伝える。

　2009（平成21）年のNHK大河ドラマ「天地人」でも、御館の乱の際、樋口兼続《かねつぐ》が兵糧要請に春日山城から城ケ峰を通って赴いた場面があった。

（2016年6月14日）

9 雁金城跡

謙信公祭で「狼煙あげ」

雁金《かりがね》城跡は上越市頸城区大字花ケ崎に位置する標高156メートルの山城。別名を雁ケ音城、花ケ崎城ともいい、大池の東にそびえる。

石神から上岡（同市浦川原区）へ通ずる舗装道路県営農道上岡線を行く。途中、「雁金城趾登城口」の看板と駐車場が目に入る。ここから整備された階段を上りきり、右に登ると本丸跡に至る。15分もあれば十分である。雁金城跡保存会が登山道を整備しておられる。塔ケ崎の神田山神社の脇を通り、県民いこいの森入り口から尾根伝いに40分ほど登る道もある。ただし、この道は春先か、秋の深まった頃がよい。

本丸跡からは、眼下に大池から日本海、直江津工業地帯、春日山城跡、妙高山などが眺望できる景勝の地である。本丸跡は幅16メートル、長さ25メートル、説明板がある。8月の謙信公祭では、ここで「狼煙あげ」が行われている。

南北に連なる尾根の主峰に本丸を配し、尾根には郭、空堀、土塁などを構築した。城主の館は、県民いこいの森の「ふるかんどう」（古観堂）付近にあったと思われるが、はっきりしない。

1536（天文5）年4月10日、上杉謙信の父長尾為景は三分一原（上越市頸城区）で守護上杉氏の一族上条《じょうじょう》城（柏崎市）主上条定憲《さだのり》軍を撃破した。このとき、柿崎城（上越市柿崎区）主柿崎景家《かげいえ》は後半、長尾為景に味方した。三分一原の戦いである。

上越市頸城区大字下三分一、保倉川に架かる三分一

謙信公祭では「狼煙あげ」が行われる雁金城跡の本丸跡

橋のたもと一帯。この戦いの際、雁金城も戦いに巻き込まれたことであろう。今日、下三分一バス停留所付近に「三分一ケ原合戦場跡」の碑が立っている。

1578（天正6）年3月13日、上杉謙信が49歳で死去すると、家督相続をめぐって御館の乱が起こった。6月17日、上杉景勝は赤沢（上越市吉川区）からの援兵要請に応え、樋口与三右衛門に鉄砲2丁を添えて遣わせたことを吉益《よします》伯耆守《ほうきのかみ》、佐藤平左衛門、長尾右京に報じた。

さらに九戸《くど》の要害（上越市大潟区）を堅固にして花ケ崎要害（雁金城）を放棄し、兵力を集中して上杉景虎の立て籠もる御館（同市五智1）を攻撃するよう命じた。

御館の乱の際、雁金城には景勝方の兵が守っていた。景勝が景虎を破り、謙信の後継者になったのは雁金城をはじめ、上越の要衝を支配下に治めたからである。

（2014年6月24日）

10 茶臼山城跡

家督相続の争いで落城

茶臼山城跡は上越市頸城区矢住《やずみ》字城越に位置する。矢住集落の南方500メートルにある新ため池の東側と西側には山があるが、東側の山は、標高42メートルの円すい状の独立した小規模な山城である。駐車場から整備された道を登ること10分、本丸跡に至る。

本丸跡は東西、南北ともに32メートルの平坦地で、中央に展望台が立つ。本丸跡入り口に「南無阿弥陀仏」と刻まれた大きな石碑がある。茶臼山城主の子孫で、新潟市北区島見町の浄土真宗西厳寺住職手島恵昭氏が1987（昭和62）年11月、建立したものである。

二の丸跡には深さ3メートル、幅2・7メートルの竪井戸《たて》があり、今日も水を満々とたたえている。

新ため池の西側にも標高46メートルの山城遺構がある。土塁と空堀で防備を固めた跡がよく遺っている。ここも茶臼山城の一郭であった。

言い伝えによると、南北朝の動乱時代（14世紀中頃）に南朝方の河野《こうの》弾正通信《ぜんじょうみちのぶ》が、戦国時代では黒金摂津守《くろがねせっつのかみ》が城主であったという。しかしこれを裏付ける史料はない。

前記の西厳寺の現住職手島恵雄家に、次のような伝承が残っている。

手島家の祖先手島清蔵景行は1552（天文21）年、関東管領上杉憲政に従って越後に下向し、茶臼山城主となったという。憲政は小田原城（小田原市）主北条《ほうじょう》氏康《うじやす》に敗れ、長尾景虎（上杉謙信）を頼って越後に逃れてきた。謙信は御館（上越市）を築造し、憲政の館

本丸跡入り口に立つ「南無阿弥陀仏」と刻まれた石碑

とした。

ところが1578（天正6）年3月13日、謙信が死去すると、養子の景勝と景虎とが家督相続をめぐって争った。御館の乱である。

その際、手島景行は景虎方に味方した。翌1579（天正7）年3月7日、町田城（上越市吉川区）が落城した時、茶臼山城も落城した。城主手島景行は一族とともに落ち延びた。

城主には、一人の美しい姫がいた。この姫を伴って落ち延びることが不可能であったので、城に残すことにした。敵は姫を殺害しないであろうと判断したからである。ところが姫は悲しみのあまり、井戸に身を投げて死んでしまったという。井戸に石を投げると、姫が奏でる琴の音が響いてくるという。

阿賀北（下越地方）に落ち延びた手島氏は1590（天正18）年、西厳寺を建立したといわれている。

（2014年8月12日）

11 柿崎城跡

砂丘に構築　生活の拠点

柿崎城跡は別名を木崎城ともいい、上越市柿崎区柿崎字木崎山に位置する。信越本線柿崎駅下車。上越警察署柿崎幹部交番前を通り、10分ほどで本丸跡に至る。登り口に「木崎山散策道案内図」「木崎山登り口」の案内板がある。散策道はよく整備されている。

中腹に「柿崎城跡」の大看板があり、国道8号からよく見える。本丸跡には展望台がある。ここからは柿崎から米山が眺望できる。

黒川河口の標高25メートルの砂丘上に構築された館《たて》城。周囲には黒川、米山川、小河川が流れ、水田も泥田堀の役割を果たした。城へは黒川を利用して船で物資を輸送したことであろう。ここは柿崎氏の平素の生活根拠地であり、戦時には猿毛城（柿崎区城腰）を要害とした。

木崎山の南西麓に「たてのうち」、そこの西方に「猫谷内」という通称がある。居館跡を物語っている。大手は城跡の南側で、小河川に架かる橋を「殿橋」と呼称している。城跡の北側が搦手であったと思われる。

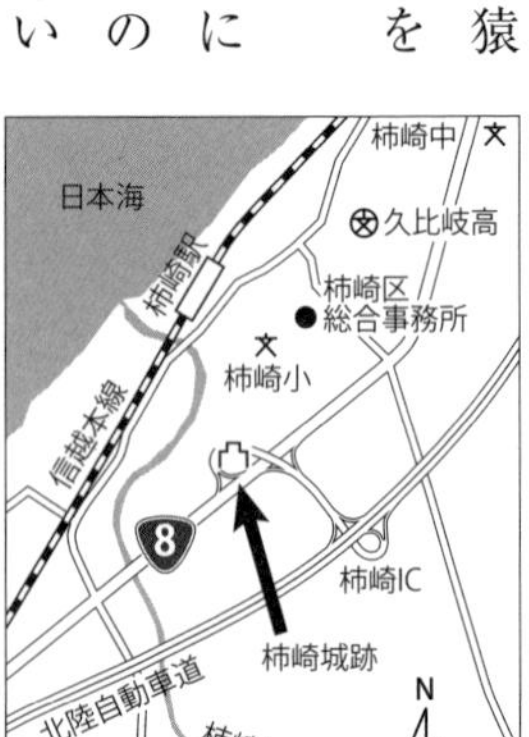

今日、国道8号と北陸自動車道柿崎インターチェンジのため、城跡の一部が破壊されてしまった。

柿崎氏は鎌倉時代、白河荘安田条（阿賀野市）を支配した大見安田氏の一族である。柿崎和泉守景家は柿崎城を根拠地に、長尾景虎（上杉謙信）の奉行職を務めた。謙信は１５６０（永禄３）年5月、居多神社（上越市五智６）に制札を掲げ、5月13日には府内（上越市五智地区）の人々に5年間、諸役を免除した。これ

国道８号からもよく見える位置に立つ「柿崎城跡」の大看板

らの文書に景家は、謙信の奉行職として署名している。１５５９（永禄２）年10月28日、謙信が都から帰国すると、諸将は太刀を献じて祝賀した。この際、景家は「披露太刀ノ衆」に名を連ねている。

１５６１（永禄４）年の第４回川中島の合戦の際、景家は上杉軍の先陣として武田軍に突撃したという。１５７０（元亀元）年３月５日、謙信と北条氏康《ほうじょううじやす》が和睦（越相同盟）した際、景家の子晴家が人質として小田原城（小田原市）へ送られた。

景家は林泉寺第６世天室光育《てんしつこういく》禅師を招き、１５３４（天文３）年、楞厳《りょうごん》寺（上越市柿崎区）を建立したという。楞厳寺には絹本柿崎和泉守景家夫妻肖像画、「楞厳寺禅林記録」（県指定文化財）、墓地には景家・天室光育の墓などがある。景家は１５７４（天正２）年、死去したと伝えられている。

（２０１４年７月22日）

12 岩手城跡

長い尾根を利用した城

岩《いわ》手《で》城跡は上越市柿崎区岩手字城山に位置する標高115メートルの山城。信越本線柿崎駅下車。岩手集落北西背後の山（地図上に「城山」と記載）の山麓から整備された道を登ること20分、本丸跡に至る。

本丸跡は27メートル×10メートル、中央に塚があり、石祠《せきし》が祭られている。入り口にＮＨＫテレビ塔がある。本丸跡からは霊峰米山、猿毛城跡（上越市柿崎区）、旗持城跡（柏崎市）、春日山城跡などが眺望できる。

ほぼ東西に延びる長い尾根を利用した城で、郭・空堀を巧みに配した規模の大きな山城である。恐らく柿崎景家に関係した城郭群の中心的存在であったと思われる。付近に柿崎景家建立の楞厳寺（柿崎区芋島）、米山薬師如来の別当寺密蔵院（柿崎区下牧）などがある。

『温《おん》古《こ》之《の》栞《しおり》』によると、1221（承久3）年の承久の乱の際、順徳上皇方の宮崎定範の居城であったと、1364（貞治3）年には守護上杉憲顕が重臣宇佐美氏に岩手城を守らせたとある。しかし真偽のほどは分からない。

1513（永正10）年、守護代長尾為景が守護上杉定実を動かして国政をほしいままにすると、上杉氏一族の上条城（柏崎市）主上条定憲は、宇佐美房忠《ふさただ》らを誘って為景に対抗した。房忠は小野城（柿崎区下小野）に立てこもり、定実に味方して兵を挙げた。

為景が小野城を攻撃中の10月13日、定実は春日山城を奪取した。報を受けた為景は、急いで春日山へ向かった。春日山城を包囲した為景は23日、定実を捕らえて

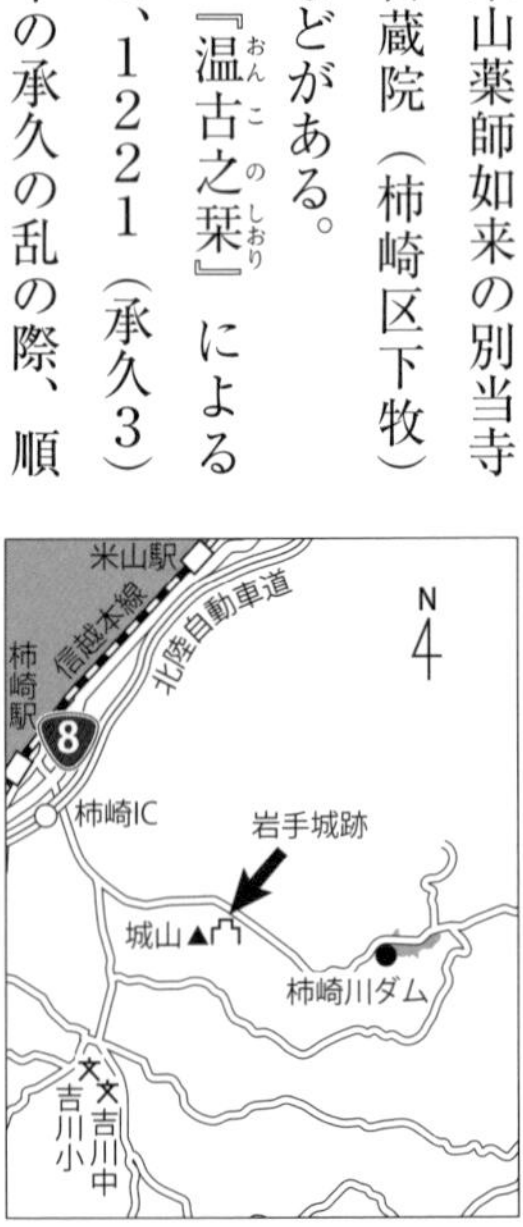

本丸跡から見た米山

自邸に幽閉してしまった。

翌1514（永正11）年、為景は再度、小野城を攻撃した。敗れた房忠は岩手城に後退して防戦したが、5月16日、ここも落城し、房忠以下一族は、討ち死にした。

宇佐美氏は伊豆国宇佐美荘（静岡県伊東市）の出身。1368（応安元）年、鎌倉公方《くぼう》足利氏満《うじみつ》の命で宇佐美祐益《すけます》が越後に入った。

1578（天正6）年3月13日、上杉謙信が死去すると、御館の乱が起こった。このとき猿毛城将上野九兵衛尉は上杉景勝方として上杉景虎軍と戦った。

6月17日、景勝は赤沢（上越市吉川区）からの援兵要請に応え、樋口与三右衛門に鉄砲2丁を持たせて応援させた。岩手城跡の南下が赤沢集落である。このことから、この「赤沢」は岩手城のことと思われる。

（2014年12月23日）

13 猿毛城跡

街道を監視　堅固な要衝

猿毛城跡は上越市柿崎区城腰に位置する標高479メートルの堅固な山城である。信越本線柿崎駅下車。城腰集落入り口から112段の石段を上ると、城山神社が鎮座する。ここから急な坂道を登ること40分、本丸跡に至る。草木が繁茂しているため、登るには春か秋がよい。

ここからは993メートルの霊峰米山、尾神岳、柏崎の山々、日本海、旗持城跡（柏崎市）などが眺望できる。上越地方から柏崎地方へ通じる街道を監視する重要な軍事的拠点であった。

猿毛城は円すい状の独立山塊に築かれた山城。城腰集落に通じる尾根以外は断崖で、普請の必要はなかった。まことに天険の地で、柿崎城（柿崎区柿崎）の詰め城にふさわしい。そのため空堀と竪堀が各2条、郭、削平地が若干構築されているにすぎない。

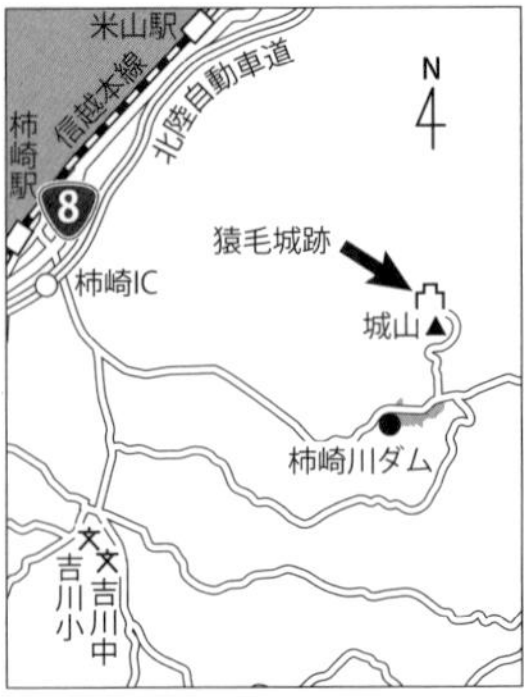

本丸跡は幅3～15メートル、長さ76メートルの細長い郭で、中央に高さ2メートルの塚と石祠がある。本丸跡下に二の丸跡、三の丸跡と呼ばれている場所がある。

城腰集落の東方に「ねごや」（根小屋）と呼ばれている広い郭跡（縦78メートル、横74メートル）がある。戦国時代、ここに城主の館があった。

猿毛城は交通の要衝に位置していたため、南北朝の動乱時代（14世紀中頃）や戦国時代、守護上杉氏と守護代長尾為景との抗争、北条《きたじょう》城（柏崎市）主北条高広や坂戸城（南魚沼市）主長尾政景の反乱などの際、重要な役割を果たしたことであろう。

猿毛城があった城山。右奥は米山

上杉謙信の家臣として活躍した柿崎和泉守景家は平素、柿崎城（柿崎区柿崎）に住み、戦時には猿毛城を要害としたことであろう。

猿毛城が史料上に登場するのは、1578（天正6）年の御館の乱の時であった。柿崎景家が1574（天正2）年に死去し、子の晴家は1578（天正6）年、上杉謙信死去の直前、お家断絶となった。

上杉謙信死後に起こった御館の乱の際、猿毛城を守っていたのは上杉景虎方の篠宮出羽守であった。そのため上杉景勝方の上野九兵衛尉らは篠宮出羽守を攻め、猿毛城を奪った。景勝は同年6月9日、上野の戦功を褒め、知行地桃木（柿崎区百木）を安堵し、かつ諸役を免除した。

以後、上野九兵衛尉は猿毛城将となり、旗持城将佐野清左衛門尉らとともに景勝の勝利に大きな役割を演じた。上野とともに遠藤宗左衛門も猿毛城将を務めていた。

（2014年8月26日）

14 顕法寺城跡

春日山城支城群の一城

顕法寺城跡は上越市吉川区大字顕法寺に位置する標高182メートルの山城で、上越市指定文化財。信越本線柿崎駅下車。顕法寺集落から諏訪神社、顕法寺の脇を登って左に曲がる。なだらかな尾根を進むと本丸跡に至る。約40分。

　吉川区の町田から道之下に至る林道道之下町田線（砂利道）の途中に「顕法寺城阯登り口」の看板がある。整備されたコンクリートの階段を上ること10分、本丸跡に至る道もある。

　本丸跡から日本海、米山、旗持城跡（柏崎市）、猿毛城跡（柿崎区）などが眺望できる。8月の謙信公祭では、ここで狼煙をあげている。南北に細長い尾根の主峰に本丸を配し、周囲を空堀、郭、土塁で防備を固めた。

　本丸跡から南方、尾根の先端に「狼煙場」と呼称している場所がある。狼煙場であったろう。本丸跡東下の急峻《きゅうしゅん》な崖を下ると、馬寄せ場と称する広い郭がある。その下に清水が湧いている。顕法寺城の水源であった。

　南北朝の動乱時代（14世紀中頃）、顕法寺城も、その渦中に巻き込まれた。足利尊氏・直義兄弟は新田義貞を討伐し、1338（暦応元）年、室町幕府を開いた。

　ところが、やがて兄弟の不和が表面化した。1350（観応元）年、直義は尊氏打倒の兵を挙げた。直義が挙兵すると、越後守護上杉憲顕は直義に味方し、越後尊氏軍と対峙《たいじ》するに至った。一方、直義は1352（文和元）年、尊氏の策略にかかって毒殺さ

米山などを眺望できる顕法寺城本丸跡

れてしまった。

同１３５２（文和元）年３月４日、憲顕は子の憲将《のりまさ》や宇佐美一族らと越後尊氏軍討伐の兵を佐美荘顕法寺城に挙げた。報を受けた尊氏方の風間長頼は村山隆直とともに兵を挙げて進撃し、同月12日、顕法寺城を攻略した。

敗退した憲将らは六角峰城（吉川区）に後退したが、ここでも支えきれずに25日、柿崎城（柿崎区）に逃げ込んだ。わずかの兵で必死に防戦したがかなわず、４月14日、ついに風間軍に降参した。

上杉謙信時代、顕法寺城は春日山城支城群の一城として、旗持城、猿毛城とともに大きな役割を果たしたことであろう。しかし、文献上には登場しない。ただ顕法寺には、長尾景虎（上杉謙信）証状が2通所蔵されている。景虎を称していた１５４９（天文18）年から１５６０（永禄３）年の間のものである。１５９８（慶長３）年、上杉景勝の会津移封後、廃城となった。

（２０１４年７月８日）

15 長峰城跡

池と空堀で堅固な構え

長峰城跡は上越市吉川区長峰、長峰池の南側の丘陵上に築かれた平山城である。標高35メートル。信越本線上下浜駅下車、徒歩20分。長峰集落の西方300メートルの所に位置する。大駐車場から城跡に入った道路の脇に、越後長峰城址保存会が立てた「長峰城ものがたり」の説明看板がある。

本丸跡は東西110メートル、南北100メートル。小字「古城」と呼称されている地域で、周囲を高さ3メートル前後の土塁が巻き、中央部分が直径35メートルの穴となっている。これは後世、土取りをした跡であろう。

本丸跡西南隅に通称「ひのみやぐら」と称している高所がある。現在、道路より6メートル高く、10メートル×6メートルの広さを持っている。物見櫓の跡と思われる。

本丸跡の北側が長峰池、他の三方が幅6～20メートル、深さ10メートル前後の大規模な空堀に囲まれ、堅固な構えがうかがわれる。

古城・御厩《みくりや》・大屋敷・屋敷・論手・北論手などの小字名や、城の沢・ひのみやぐら・大手崎などの通称が残っている。

1616（元和2）年7月、高田藩主松平忠輝の改易後、上野《こうずけ》国大胡《おおご》城（前橋市大胡町）2万石の城主牧野右馬允《うまのすけ》忠成《ただなり》が、大坂夏の陣で軍功を立て、長峰城5万石の城主となった。忠成は長峰の地に城郭を築いた。ところが1618（元和4）年、長岡城（長岡市）6万2千石に移ったため廃城となった。牧野氏は1871（明治4）年の廃藩置県まで250年間、長

長峰城跡がある丘陵。手前は長峰池

岡城主であった。

長峰の地が歴史上に登場したのは、1513（永正10）年の永正の乱のときである。この年、守護上杉定実方の上条定憲と宇佐美房忠らは、守護代長尾為景と対立した。

7月24日、宇佐美房忠らは小野城（上越市柿崎区下小野）に籠城《ろうじょう》し、長尾為景に抵抗した。為景は自ら兵を率いて、小野城を攻撃した。その留守中に定実は為景の要害春日山城を奪取した。驚いた為景は急いで春日山城を包囲し、10月23日には定実を為景の館に幽閉した。28日には、他の館に移して定実の行動を阻止する一方、再度、小野城を攻めた。

その際、為景方の信濃の高梨衆（長野県中野市）は、長峰原（吉川区長峰）に張陣し、為景を支援した。この長峰原は長峰城跡の位置と思われる。ここは1513（永正10）年当時も軍事的拠点であったことを物語っている。

（2014年11月25日）

16 大間城跡

大々的な改修 堀が示す

大間《おおま》城跡は上越市三和区北代《きただい》字城山《じょうやま》に位置する標高95メートルの山城。三和支所から約4キロ。上越市指定史跡。北代の神明宮境内から阿弥陀寺池の築堤を通り、登ること15分程度で本丸跡に至る。途中、東屋《あずまや》があり、登山道はよく整備されている。築堤から山すそを西方へ100メートル、小字奥の沢から登る道もある。

本丸跡付近には、実にみごとな横堀・竪堀が数条構築されている。山城としての規模は小さいが、戦国期に大々的改修が行われたことが分かる。

虎口《こぐち》（入り口）から本丸跡に入ると、高さ2メートル、幅2メートルの土塁が東西20メートル、南北30メートルにわたって構築されている。堅固な構えがうかがわれる。本丸跡北下方に井戸跡と思われる遺構がある。城跡の西方、郷倉と呼ばれているところに館跡があったが、耕地整理のため今日、遺構はない。

大間城は上杉謙信関東出陣の道「三国《みくに》街道」監視の重要な役割をもった。謙信・景勝時代、島倉孫左衛門の居城であったといわれているが、それを物語る文献はない。1597（慶長2）年の「越後国郡絵図」の頸城郡図にたしま村（下田島）、村岡（大《だい》）、にしき村（錦）が島（嶋）倉孫左衛門の知行分であったと記されている。

大間城の西方2・5キロの錦の地（錦）、西南方4キロの島の地（下中）が御館の乱の際、歴史上に登場する。その際、大間城もその渦中に巻き込まれたことと思われる。しかし文献がなく、確かなことはわからない。

1578（天正6）年3月13日、上杉謙信が死去す

土塁が見られる大間城本丸跡

ると、養子の上杉景勝が春日山城に、上杉景虎が御館（上越市五智）に立て籠もり国内を二分して戦った。御館の乱である。

翌1579（天正7）年2月17日、猿毛城（柿崎区）主上野九兵衛尉は景虎方の立て籠もる島の地を攻撃した。翌日、景勝は九兵衛尉を応化《おうげ》橋（直江津）に出陣させ、錦の地から景虎の立て籠もる御館へ輸送する兵糧を遮断させた。糧道を断たれた御館は、完全に孤立してしまった。

3月17日、景虎の立て籠もる御館は景勝軍の猛攻撃をうけ、あえなく落城してしまった。敗北した景虎は生家の小田原城（小田原市）へ逃亡の途中、鮫ケ尾城（妙高市）で3月24日、自害。ときに26歳。景勝の勝利で乱は終結した。

（2015年4月28日）

17 虫川城跡

川の合流点　交通の要衝

虫川城跡は上越市浦川原区虫川字古城に位置する標高94メートルの山城。ほくほく線虫川大杉駅から徒歩10分。歩きながら城跡が眺望できる。虫川の白山神社左側の山。集落から登ること15分。虫川振興会によって山道の整備が行われている。

保倉川と小黒川、細野川との合流地点に近い。旧三国街道の北側に位置。標高３４４メートルの直峰《のうみね》城跡（県史跡・上越市安塚区）の北麓にあって舟運、陸運による交通上の要衝であった。

本丸跡は長さ35メートル、幅30メートルの平坦地で、南端が１メートル高い。矢倉（櫓）跡であろうか。ここの下方にほくほく線が走っている。本丸跡の西下に4段にわたって腰曲輪が階段状に構築されている。その下に１００メートル×80メートルの二の丸跡があり、その南端に井戸がある。虫川城の重要な水源であった。

虫川城跡西麓に１００メートル×50メートルの平坦地がある。ここが根小屋（城主の屋敷）であったと思われる。ここの南側、今日の創作館付近が小字馬場である。馬場跡であった。

虫川城は南北朝の動乱時代（14世紀）、直峰城主風間信濃守信昭の家老杢田《もくた》主膳の居城であったと伝わる。城主や城歴は不詳。

足利尊氏は１３３５（建武２）年10月、後醍醐天皇に抵抗し、翌１３３６（建武３）年、天皇を吉野山へ押しこめた。一方、新田義貞は尊氏と手を組めず、天皇を擁立して対抗した。

同１３３６（建武３）年11月19日、義貞は尊氏討伐

下方にほくほく線が通る虫川城跡

の勅命により、尊良《たかなが》《たかよし》親王を奉じて鎌倉へ兵を進めた。その中に風間信濃守と弟村岡三郎などの姿もあった。一方、和田茂実《しげざね》、色部高長らの下越武士は、尊氏に味方した。こうして越後の武士は両派に分かれて戦うことになった。

1337（建武4）年4月16日、風間信濃守は水科・水吉（三和区）で尊氏方の信濃の高梨経頼らと戦ったが、敗れた。翌年、風間信濃守は越前に進撃してきた新田義貞のもとへかけつけた。ところが閏《うるう》7月2日、総大将新田義貞が灯明寺畷《とうみょうじなわて》（福井市新田塚町）で討死した。

風間信濃守は1352（文和元）年8月、尊氏方となった池らと蔵王堂城（長岡市）で戦い、次いで大面《おおも》荘（三条市大面）に追い込み、勝利を得た。この戦いの後、信濃守は文献に登場しない。死去したのであろう。以後、直峰城、虫川城は足利尊氏方となった。

虫川の大杉は樹齢千年、国の天然記念物に指定されている。

（2015年8月11日）

18 直峰城跡

三国街道監視する拠点

直峰城跡は上越市安塚区安塚に位置する標高344メートルの中世の山城で、県の史跡に指定されている。姿の美しい山で、ハイキングコースとして親しまれている。中腹の駐車場まで車で行ける。ここから登ること15分。

毎年、若葉が芽を吹く5月8日、山頂の「風間信濃守信昭顕彰碑」前で、南北期の動乱時代（14世紀）に南朝方として活躍した風間信濃守信昭の戦歴をたたえ、「風間祭」が厳かに行われている。

風間信濃守は新田義貞軍として、各地で足利尊氏軍と戦った。義貞の鎌倉攻め、越前藤島城の戦い、武蔵小手指原《こてさしがはら》の戦いなど、越後国内では1337（建武4）年4月16日に水科・水吉（上越市）で、1352（文和元）年8月に蔵王堂城（長岡市）などで戦った。

上杉謙信は生涯13回にわたって関東へ出陣した。その際、直峰城下を往還した。

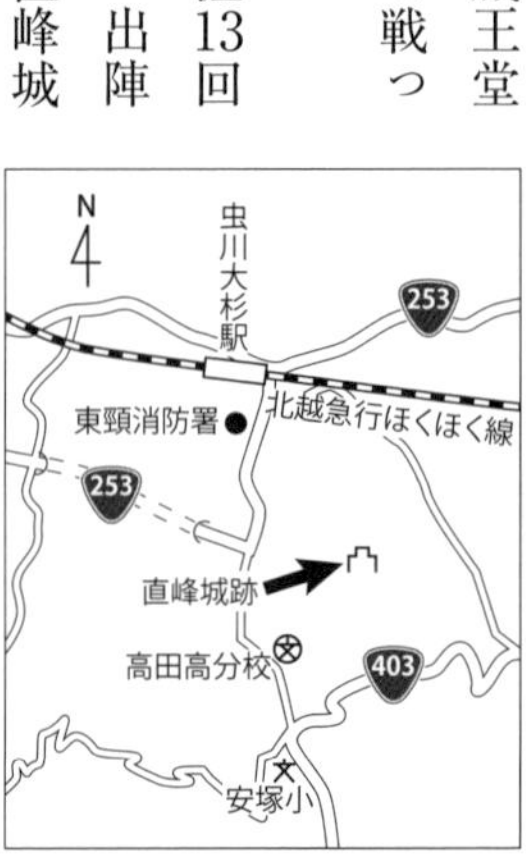

1578（天正6）年、謙信が死去すると、御館の乱が起こった。直峰城は上杉景勝軍の拠点として、景勝の勝利に大きな役割を果たした。1584（天正12）年、景勝の家老直江兼続の父樋口兼豊が城主となった。以後、1598（慶長3）年、兼豊が兼続に従って米沢（山形県）に移るまでの14年間、城主を務めた。

景勝に代わって春日山城主となった堀秀治は、重臣堀伊賀守光親を入れた。1610（慶長15）年、堀家の没落とともに廃城となった。

本丸跡は広く、桜、ケヤキ、松が繁茂している。ここからは安塚の中心部から春日山城跡、日本海まで眺

直江兼続の父、樋口兼豊が城主を務めた直峰城跡

望できる。関東へ通ずる三国街道を監視できる重要な拠点であった。

城山には樹齢８００年の大ケヤキ、飲料水として使用された金明水、食料や武器を保管した蔵跡、弓の矢に使用した矢竹、洗剤・薬・食料となった皀莢《さいかち》、城主が祈願した観音堂跡、大手の道、百間馬場、三国街道の石畳など、戦国時代の面影を今日に伝えている。

城下の曹洞宗賞泉寺は、直峰城主の菩提寺であった。安塚神社には、上杉謙信が寄進したと伝えられている春日灯籠が所蔵されている。灯籠には「天正三年寅三月」「上杉御用」と刻まれている。

（２０１３年３月12日）

19 川浦陣屋跡

大きな角石　往時伝える

川浦陣屋跡は川浦代官所跡とも呼ばれ、上越市三和区川浦に位置する。えちごトキめき鉄道高田駅前からバスに乗り、番町《ばんまち》で下車、徒歩5分。今は、稲荷神社と「川浦代官所跡」の石碑、お仕置きに使用された大きな角石が往事を物語っている。

　陣屋跡は上越市指定文化財史跡で、稲荷神社境内一帯の6500平方メートル（六反五畝《せ》）に広がる。周囲に幅2メートル、高さ1・5メートルの土塁と、その外側に幅約1・5メートルの堀があったという。稲荷神社は陣屋の守護神として1788（天明8）年、代官竹垣三右衛門のときに建立された。

　陣屋内には代官の邸宅「御陣屋」（本陣）と役人の住居長屋と馬屋が、陣屋の入り口に勘定所と評定所があった。

　1681（延宝9）年、越後騒動で高田藩主松平光長が改易（城地没収）となり、高田藩は小藩となった。そこで1742（寛保2）年、周辺の村々からの請願を受け、天領（幕府の直轄地）支配のため川浦に陣屋（代官所）が設置された。

　初代の代官は萩原藤七郎、幕末の最後は大草太郎左衛門であった。この間、36代が務めた。おおむね6万石前後（兼務・預なども含む）の支配であった。特に1772～80年（安永年間）、竹垣庄蔵直照《なおてる》のとき、頸城郡内で約8万石を支配したという。一番安定した時期であった。

　代官所には、代官1人と手付、手代、書記などの属《ぞく》吏《り》（役人）十数人がいた。支配地の村々の租税徴収、

川浦陣屋（川浦代官所）跡。稲荷神社を背景に往事を伝える石碑が立つ

民政、勧農、警察、裁判などの事務を司《つかさど》った。

1868（慶応4）年、江戸幕府が崩壊すると、代官所の第二門は三和区野の善巧寺の山門となった。建物の一部は四辻町の浄雲寺や末野の蓮花寺に移されたといわれている。

同1868（慶応4）年、戊辰戦争勃発。高田藩主榊原政敬《まさたか》は朝廷に恭順か、幕府に忠勤か迷った。4月、幕府の衝鋒《しょうほう》隊古屋作左衛門が兵を率いて高田に到着。その後、幕領川浦代官所に移った。それを追って新政府軍が到着。高田藩は古屋隊を攻撃し、古屋隊は安塚（上越市安塚区）を通って会津（福島県）へ向かった。

三和区水科と牧区宮口に、7世紀築造といわれている水科古墳群・宮口古墳群（国史跡）がある。1411（応永18）年8月19日の『居多神社文書』（上越市五智6）によると、川浦と鴨井（三和区）は居多神社の辻領であった。1597（慶長2）年の「越後国郡絵図」に「河浦村」の記載がある。

（2017年3月14日）

20 箕冠城跡

信越国境の守りの要

箕冠《みかぶり》城跡は上越市板倉区山部に位置する標高２４２メートルの独立峰に築かれた山城である。えちごトキめき鉄道新井駅下車。車で山部を経て菰立《こもだて》の農村公園から北方へ舗装道路を行くと、箕冠城跡駐車場に着く。ここから本丸跡までゆっくり歩いても10分、楽なハイキングコースになっている。

本丸跡からは高田平野、上越市街地、春日山城跡、霊峰米山、日本海、北陸新幹線の線路などが眺望できる。春日山城の支城群の一城で、鮫ケ尾城跡、鳥坂城跡（いずれも妙高市）とともに、信越国境を守る重要な拠点であった。

本丸跡に「史蹟箕冠城址」の石碑がある。本丸跡を中心に曲輪、空堀、水堀、土塁、門跡、鎧井《よろい》戸など、戦国期の遺構がよく遺っている。鎧井戸は幅１・２メートル、今日も水を満々とたたえている。二の丸跡に「箕冠山城址」の石碑が立っている。

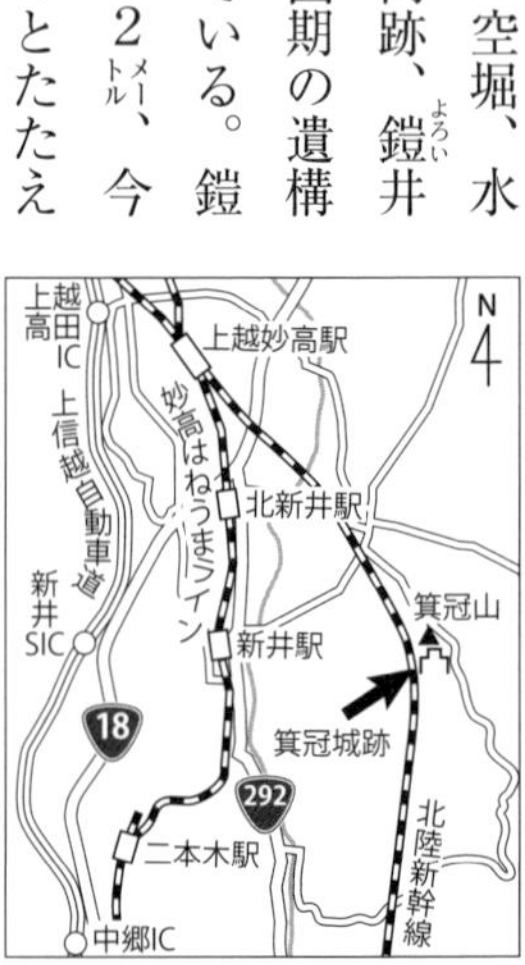

箕冠城は守護上杉家の重臣として、段銭《たんせん》方（財政）を担当してきた大熊政秀、朝秀父子の居城であった。段銭とは、将軍が段別に応じて臨時にかけた税金のこと。１５１７（永正14）年、27（大永７）、29（享禄２）年の「政秀段銭納入文書」が数通残っている。

政秀の子朝秀も父同様、長尾為景（謙信の父）の政権下でその手腕を買われ、段銭方を務めた。特に長尾家譜代の重臣与板城主直江実綱《さねつな》、栃尾城主本庄実乃《さねより》とともに、謙信の奉行職として活躍した。

１５５５（天文24）年２月３日、奉行大熊朝秀、直

本丸跡に立つ「史蹟箕冠城址」の石碑。城下を望めば北陸新幹線の線路も見える

江実綱、本庄宗緩（実乃）は安田景元に「当国鎮守居多大明神」に偽りのないことを誓った起請文《きしょうもん》を送った。

翌１５５６（弘治２）年６月28日、27歳の謙信は出家した。すると朝秀は武田信玄の誘いに応じて謙信に背いた。「朝秀謀反」の報を受けた謙信は、還俗《げんぞく》を決意した。春日山城に帰ると、すかさず大熊朝秀討伐の軍を起こした。

８月23日、大熊軍を駒返（糸魚川市青海地区）で撃破した。敗れた朝秀は甲斐の武田信玄の元へ身を寄せた。以後、朝秀は武田家に仕え、その忠勤ぶりは武田家の家臣以上であったという。

朝秀はなぜ謙信に背いたのであろうか。謙信政権下では、長尾家の家臣が中心となり、上杉家の重臣朝秀の居場所がなくなってしまったのであろう。

（２０１３年12月10日）

21 京ケ岳城跡

国境警備の重責はたす

京ケ岳城跡は上越市清里区青柳《あおやなぎ》、青柳集落の西方にそびえる京ケ岳にある山城。標高529メートル（比高50メートル）。別名青柳城、櫛池川の上流。上越市指定史跡。

　青柳集落から広い舗装道路を行くと、坊ケ池に出る。ここに坊ケ池改修記念碑と水嶋磯部神社の石祠がある。その手前に「京ケ岳城跡登り口」の木柱が立っている。ここから整備された山道を登ると、腰曲輪群（7メートル×40メートル）、虎口があり、15分ほどで本丸跡に至る。

　南北に延びる尾根の主峰に20メートル×30メートルの本丸を設けた。ここには東屋と、1764（宝暦14）年3月吉日、銘のある石祠、「史跡京ケ岳城跡」の標柱がある。周囲には戦国期の腰曲輪、空堀、竪堀、土塁などが構築されている。

　本丸跡からは眼下に坊ケ池から高田平野、春日山城跡、日本海、妙高山、米山などが眺望できる。京ケ岳城は春日山城砦群の一城で、信越国境警備（関田峠・梨平峠）の城として、重要な役割をはたしたことであろう。

　青柳集落に大屋敷《おやしき》、陣屋敷、番場などの小字名や屋号がある。居館跡を物語っている。ただし、城史を物語る文献はない。

　1337（建武4）年4月16日、足利尊氏方の信濃の高梨経頼らは、新田義貞方の直峰城（上越市安塚区）主風間信濃守らを水科・水吉（上越市三和区）で撃破した。高梨軍は関田峠・梨平峠から上郷《かみごう》（上越地方）に侵攻してきたものと思われる。

　1510（永正7）年5月28・29日、上郷の板山で

坊ケ池のほとりにそびえる京ケ岳城跡

上杉顕定《あきさだ》軍は高梨政盛軍を撃破した。板山の戦いである。板山の地は上越市板倉区関田字若葉山で、通称板山と呼んでいる。光ケ原牧場の東北隅にあたる。高梨は鴨ケ嶽城（長野県中野市）を本拠地とした武将で、長尾為景とは姻戚関係にあった。高梨は為景軍を救援するため、兵を率いて関田峠を越え、板山に陣を張ったのである。このとき、梨平峠も何らかの動きがあったことであろう。

善導寺（上越市寺町2―5―5）に龍神井戸がある。坊ケ池の龍神が8月15日に善導寺に参詣したという伝説である。

「居多神社（上越市五智6―1―11）文書」によると、1351（観応2）年8月13日、越後守護上杉憲顕が荒蒔《あらまき》保（清里区荒牧）を居多神社に寄進した。さらに1411（応永18）年8月19日の文書によると、厩《まや》村（同区馬屋）も居多神社の社領であった。

（2015年6月9日）

22 鮫ケ尾城跡

逃げる景虎最期の地

鮫ケ尾城跡は妙高市宮内、雪森に位置する標高187メートルの山城で、国の史跡に指定されている。斐太神社脇の駐車場で車を降り、斐太遺跡（国史跡）を通って総合案内所へ。ここで城跡について学習した後、30分ほど登ると本丸跡に着く。

本丸跡に「鮫ケ尾城碑」の石碑と東屋がある。ここからは春日山城跡、妙高市、高田平野、日本海、米山などが眺望できる。城跡の前面に関川、矢代川が流れ、背後に険しい南葉連峰が連なり、堅固な守りの城であった。

戦国時代、春日山城の城砦群の一城として鳥坂城（妙高市）、箕冠城（上越市）などとともに、信越国境警備の重要な任務を持った。

山頂を中心に規模の大きな郭、空堀、土塁を設け、城郭を堅固な構えにした。三の丸跡下方の井戸は直径3メートル、今日も水をたたえている。本丸跡の北側、空堀を挟んで米蔵跡と称する郭があり、今日も「焼け米」（炭化米）が出土する。この焼け米には、落城秘話がある。

上杉謙信が1578（天正6）年3月13日死去すると、御館の乱が起こった。翌1579（天正7）年3月17日、上杉景虎の立て籠もる御館（上越市）は上杉景勝軍の攻撃を受けて落城。景虎は生家小田原城（小田原市）へ逃亡の途中、味方の鮫ケ尾城に立ち寄った。しかし城主堀江宗親の謀反に遭い、3月24日、この城で自害した。

時に26歳。関東一の美男子といわれた景虎の最期で

堅固な守りの城だった鮫ケ尾城跡

あった。

今日、米蔵跡から出土する焼け米は、この時の戦いで兵火にかかった米蔵のものである。2005（平成17）年からの発掘調査で、三の丸跡付近から炭化した「おにぎり」（にぎり飯）と、被熱した陶磁器片、銭貨、くぎなどが出土した。これらの一部は、妙高市郷土資料館（五日市）に展示されている。激しい戦火の跡がうかがえる。

乙吉の勝福寺境内に「上杉三郎景虎供養塔」と「上杉景虎石像」がある。2009（平成21）年のNHK大河ドラマ「天地人」以来、ここで自害した景虎をしのんで、訪れる人が多い。

鮫ケ尾城跡の山麓の斐太遺跡（弥生時代）、観音平、天神堂古墳群（古墳時代）は国の史跡に指定されている。斐太の里として史跡整備がなされている。

（2013年3月26日）

23 鳥坂城跡

信越国境の警備を担う

鳥坂城跡は別名を鶏冠《とさか》城ともいい、妙高市姫川原字鳥坂山に築かれた標高３４７メートルの堅固な山城で、市指定文化財。戦国時代、春日山城の支城群の一城として、信越国境警備の重要な任務を持った。

えちごトキめき鉄道新井駅南方約５キロ、高床《たかとこ》山から北方へ延びた尾根の先端に位置する。

県道新井・中郷線の「高床山森林公園、鳥坂城跡入口」の看板から入る。舗装道路を上ると、高床山公園駐車場がある。ここから整備された道を登ること30分、本丸跡に至る。鳥坂城跡保存会が草刈り、植樹など、保護活動を行っている。飯山街道上堀之内から山道を約50分登る道もある。

本丸跡は長さ25メートル、幅20メートルの平坦地で、「鳥坂城趾碑」の石碑がある。１８６１（文久元）年建立で、城史が詳しく記されている。

本丸跡からの眺望は素晴らしい。日本海、高田平野、上越市街地、春日山城跡、米山、北陸新幹線の線路などが一望できる。

南北に延びる尾根の主峰に本丸を設置し、規模の大きな郭・空堀を設けて防備を固めた。本丸跡南端の大空堀はＶ字形で、深さ７メートル、幅２メートル、長さ30メートルである。

本丸跡北下の大井戸は直径２メートル、深さ約13メートルといわれている。縄張りは鳥坂山の中腹部分まで及んでいる。戦国期遺構を残す大規模な、しかも貴重な遺跡である。城主の館は、東麓、上堀之内集落の浄土真宗菓成《かじょう》寺境内にあったといわれている。

上杉謙信は５回にわたって川中島に出陣し、武田信

石碑が立つ本丸跡からの眺望

玄と戦った。その際、鳥坂城下を通って富倉峠を越え、飯山、善光寺、川中島へと兵を進めた。

謙信時代、鳥坂城には有力な家臣がいたはずであるが、当時の記録はない。『越後頸城郡誌稿』には、侍大将桃井右京が在城したと記されている。北条《きたじょう》城（柏崎市）主北条丹後守らに劣らぬ勇士であったという。

1578（天正6）年3月13日、謙信が死去すると、御館の乱が起こった。『景勝一代略記』によると、乱の勃発当初、鳥坂城は上杉景虎方であったが、上杉景勝方が奪回したとある。妙高市小出雲の南方丘陵上を陣場という。甲斐の武田勝頼が景虎救援のため、2万の兵を率いてここに布陣したと伝える。一方、景勝は6月7日、勝頼と和睦し、景虎を鮫ケ尾城（妙高市）で討ち果たした。

（2015年1月13日）

24 高柳館跡

花も実もある「鬼小島」

高柳館跡は妙高市高柳1丁目、高柳集落の北端、関川と渋江川に挟まれた河岸段丘上の先端部に位置する。えちごトキめき鉄道新井駅の北東1・3キロ、弥太郎橋を渡って館跡に入る。

館跡は東西75メートル、南北55メートル。上杉謙信の家来鬼小島弥太郎の館跡と伝えられ、「鬼小島彌太郎館趾」の石碑が立っている。付近に館《たて》の内《うち》、馬場、外堀などの地名や通称が残っている。

1561（永禄4）年9月10日の第4回川中島の合戦の際、武田軍の山県《やまがた》（飯富《おぶ》）昌景が4尺3寸の大太刀を振りかざし、上杉軍と戦った。敵味方とも、「あっぱれな勇士」と褒めたたえた。

そこに「三国一」と書いた旗指物《さしもの》を風になびかせ、山県隊に突入してきた荒武者があった。これぞ音に聞こえた鬼小島弥太郎一忠であった。互いに「相手にとって不足なし」と、大太刀で火花を散らしたが、勝負はつかなかった。

そのとき武田義信が上杉軍に囲まれ、苦戦中であった。山県は「ご覧のとおり主人義信が危うし。武士の情け、この勝負を許したまえ」と、請うた。小島はうなずき、「主人を思うは武士の習い。許し難いところであるが、貴殿の忠節に免じ、この勝負は後日にしよう」と引き揚げた。

山県は心中「小島は花も実もある武士だ。鬼とは、誰が名づけたのだろう」とつぶやき、一目散に主人のもとに駆けつけた。

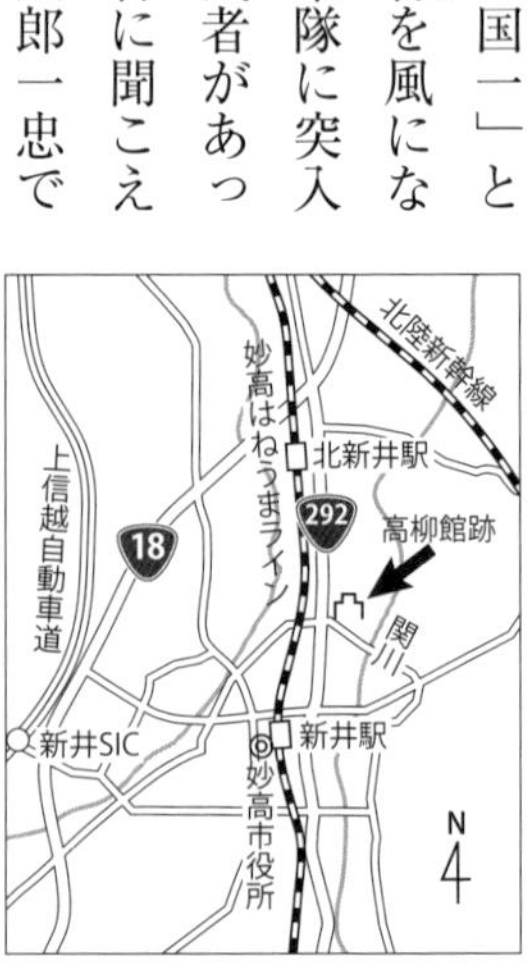

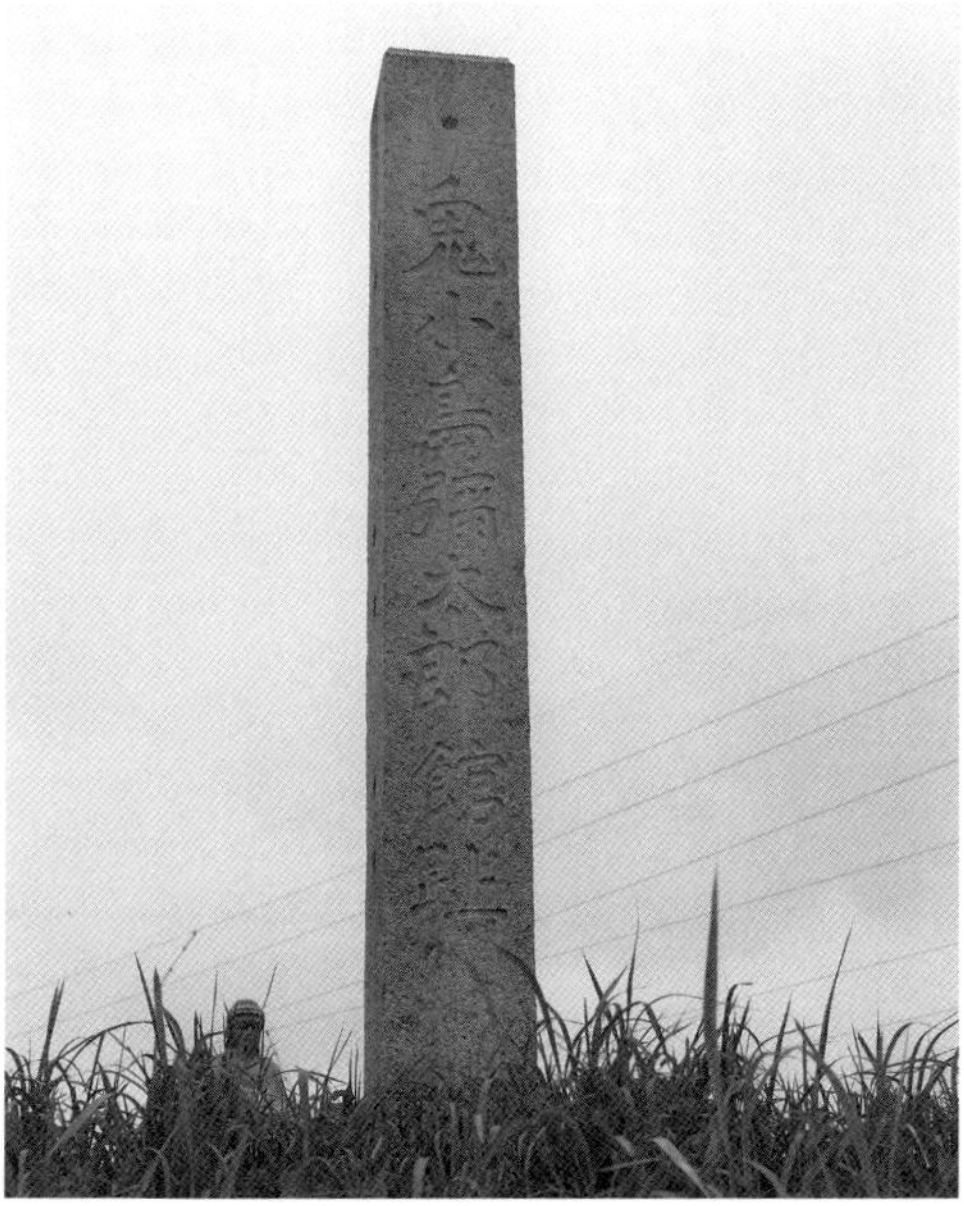

鬼小島弥太郎の館跡と伝えられる高柳館跡に立つ石碑

ところが、上杉軍団の中に小島弥太郎の名前が出てこない。そのため、架空の人物という説もあるほどである。しかし、鬼小島弥太郎に関する伝承は多い。

妙高市蔵々《ぞうぞう》には小島姓が多く、弥太郎の子孫という。小島家は上杉景勝の会津移封に従わず、蔵々に土着したとされる。

長岡市乙吉町の龍穏院は中興の開基が鬼小島弥太郎である。龍穏院は真言宗のお寺として源義家によって創建され、後に乙吉城主鬼小島弥太郎が改宗したと伝えられる。寺には弥太郎の守り本尊、位牌《いはい》などがある。

長野県飯山市飯山の曹洞宗英岩寺には、鬼小島弥太郎の墓がある。

高柳集落の地は、今から600年前の1411（応永18）年、居多神社（上越市五智6）の社領であった。越後守護上杉氏は居多神社を越後国一の宮として崇敬していた。

（2016年7月12日）

25 不動山城跡

落城悲話　現代に伝える

不動山城跡は糸魚川市越に位置する標高４４７メートルの中世の典型的な山城で、市の文化財に指定されている。えちごトキめき鉄道梶屋敷駅下車、新町から早川を渡って要害集落へ。ここから30分登ると本丸跡に至る。眼下には北陸自動車道、頸城連山、早川谷から日本海まで眺望できる。

本丸跡に「不動山城趾」「三本寺公歴代居城」の石碑がある。二の丸跡に直径２メートルの竪井戸があり、今日も水をたたえている。この井戸に落城悲話が伝えられている。

狼煙場、馬乗り場、馬捨て場、人切り場、蔵屋敷、御殿屋敷、木戸などの地名や名称は戦国時代の名残である。

不動山城は越後守護の上杉氏の一族山本寺《さんぼんじ》（三本寺）氏の居城であった。山本寺氏は守護上杉房朝《ふさとも》の弟朝定《ともさだ》を祖とする名家である。

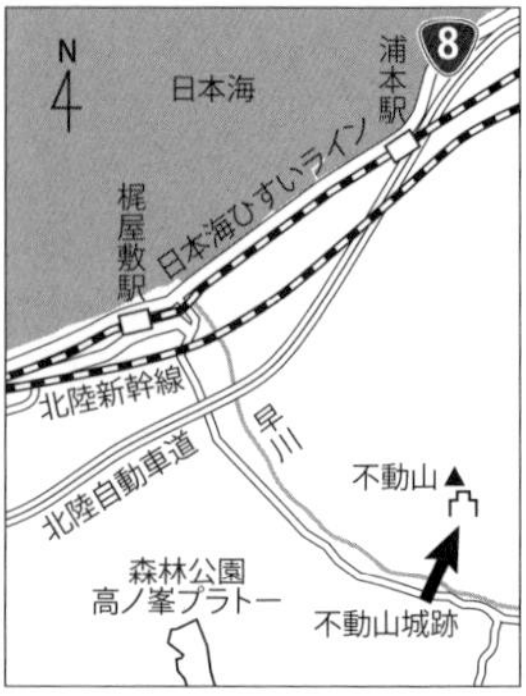

上杉謙信は不動山城を重要視し、たびたび警備を厳重にせよ、と命じている。このことを物語る１５６８（永禄11）年と１５７２（元亀３）年の謙信書状が残っている。武田信玄が北信濃から松本街道を通って、越後に侵攻してくることを恐れていたからである。

山本寺定長（景定）は、１５５９（永禄２）年10月28日の「侍衆御太刀之次第」に「直太刀之衆」（上杉家一門衆）として名前を連ねている。

１５７５（天正３）年の「上杉家軍役帳」によると、定長は鑓《やり》（槍）50丁、手明《てあき》（兵士）10人、鉄砲２丁、大小旗３本、馬上（騎馬兵）６騎の71人の兵力を動員

不動山の山頂に立つ「不動山城趾」の石碑

した。定長は上杉家の一門衆で、「殿」と敬称で呼ばれ、他の武将たちとは区別されていた。

謙信が1577（天正5）年12月23日、領国内の武将80人余を記した動員名簿「上杉家家中名字尽手本」を作成しているが、その中に山本寺伊予守定長の名前が見える。定長は謙信軍団の中では有力武将の一人であった。

1578（天正6）年、上杉謙信が死去すると御館の乱が起こった。その際、定長は上杉景虎方に味方したため敗れた。一方、弟の景長（孝長）は上杉景勝方に味方した。そのため景長が山本寺家を相続し、不動山城主となった。

景長は1581（天正9）年4月から景勝の命で魚津城（富山県魚津市）の守備に当たった。翌1582（天正10）年6月3日、織田信長軍（柴田勝家、前田利家、佐々成政ら）の攻撃を受けて落城した。景長は竹俣慶《よし》綱《つな》、中条景泰《かげやす》らの越後武将とともに自害した。玉砕という壮絶な死であった。

（2013年11月12日）

26 根知城跡

信玄の侵攻恐れ重要視

糸魚川市根知地区には根小屋城、上城山城《かみじょうやま》(詰の城)、栗山城(館城)の3城跡がある。この3城を総称して根知城と呼称している。県指定史跡。その中心が標高320メートルの根小屋城(大字根小屋)である。

大糸線根知駅から1キロ、勝蓮寺から登る。登り口に「新潟県指定史跡根知城跡根小屋口」の石碑がある。急な山道を登る。練兵場跡、殿屋敷《とのやしき》跡(石垣あり)、ヒノミの「古城地蔵乃館」を経て本丸跡に至る。約1時間20分。糸魚川市街地、日本海から信越国境の山々が眺望できる。

南北朝の動乱時代(14世紀中頃)、直峰城(上越市安塚区)主風間信濃守らとともに、越後南朝軍として活躍した禰智《ねち》氏の根拠地であった。禰智盛継は恒明親王(亀山天皇皇子)の皇子明光宮《わかのみや》を奉じ、南朝勢力の挽回を図って足利軍と越後各地で戦った。1352(文和元)年、盛継は足利方に寝返った池氏らを討伐するため蔵王堂城(長岡市)で戦い、戦死した。

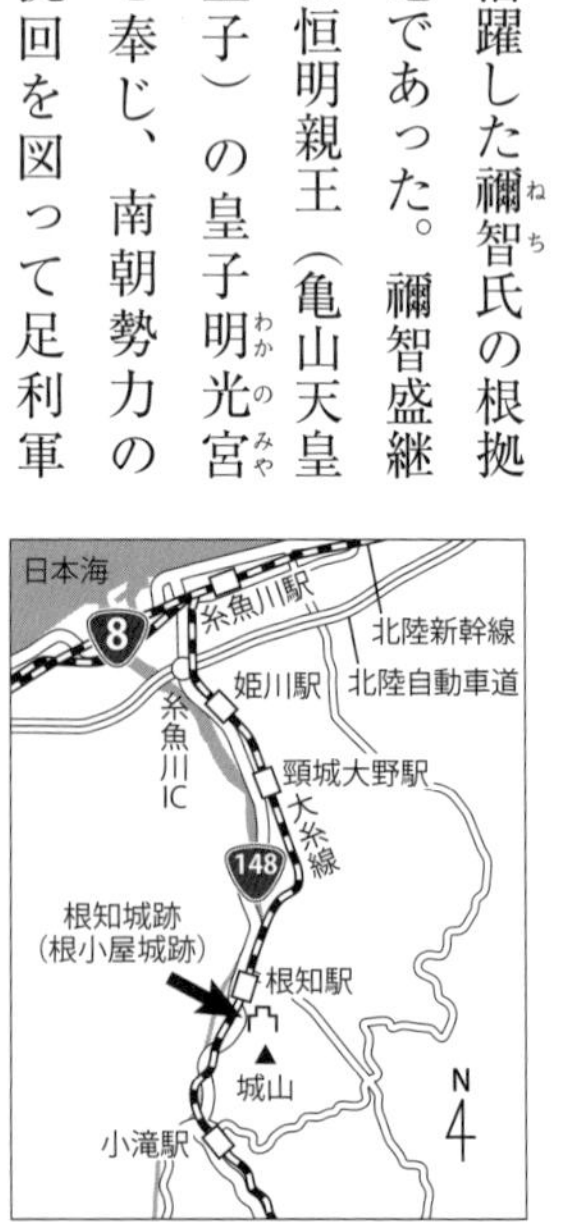

上杉謙信は根知城を重要視し、1568(永禄11)年と1572(元亀3)年に警備を厳重にせよ、と命じている。武田信玄が北信濃から松本街道を通って越後に侵攻してくることを恐れたからである。松本街道は北信濃との交通の要路で、商人たちが信濃へ魚や塩を運んだ道でもあった。

1565(永禄8)年、謙信は村上義清を根知城主に、その子の国清を徳合城(糸魚川市)主に命じた。義清は信濃葛尾《かつらお》城(長野県坂城町)主であったが、武田信

根知城の本丸跡から日本海方向を眺めると、姫川の流れが見える

玄の信濃侵略により領地を奪われ、１５５３（天文22）年、謙信に救援を求めてきた。こうして世紀の対決、川中島の合戦が繰り広げられたのである。１５７３（天正元）年、義清はついに信濃に帰還できず、異郷の地で骨を埋めた。

１５７９（天正７）年、武田勝頼の妹菊姫が上杉景勝に嫁いだ。勝頼と景勝が義兄弟になると、勝頼の弟仁科盛信が信濃国安曇郡の豪族とともに根知城勤番を務めた。

ところが１５８２（天正10）年、武田家の滅亡により景勝は西方《にしかた》房家を城主に任じた。１５８４（天正12）年、桜井三助晴吉が城主になったが、１５９８（慶長３）年、景勝の会津移封にともない、桜井も根知城を去ったと思われる。

代わって入城した堀左門は、１６０１（慶長６）年、根知城を廃して糸魚川城に移ったといわれている。

（２０１５年５月12日）

27 勝山城跡

北陸道監視できる要衝

勝山城跡は別名を墜水城《おちりみず》ともいい、越後の最西端、糸魚川市青海に位置する堅固な山城である。日本海に食い込むように切り立った標高３２８メートルの山で、北陸道を眼下に監視できる要衝の地にあった。

えちごトキめき鉄道青海駅から親不知駅へ向かう途中、国道８号の脇に「勝山城址登山道」の石碑が立っている。ここから急な登山道を登ること40分。本丸跡に至る。

本丸跡からは眼下に日本海、北陸道が、西方に親不知子不知の難所が、東方には不動山城跡が眺望できる。本丸跡は幅25メートル、長さ30メートルの平坦地で、石祠が祭られている。山には郭・空堀・竪堀・井戸などの戦国期遺構がある。

勝山城は春日山城の支城群の一城として、根知城・不動山城とともに、国境警備の大任をもっていた。

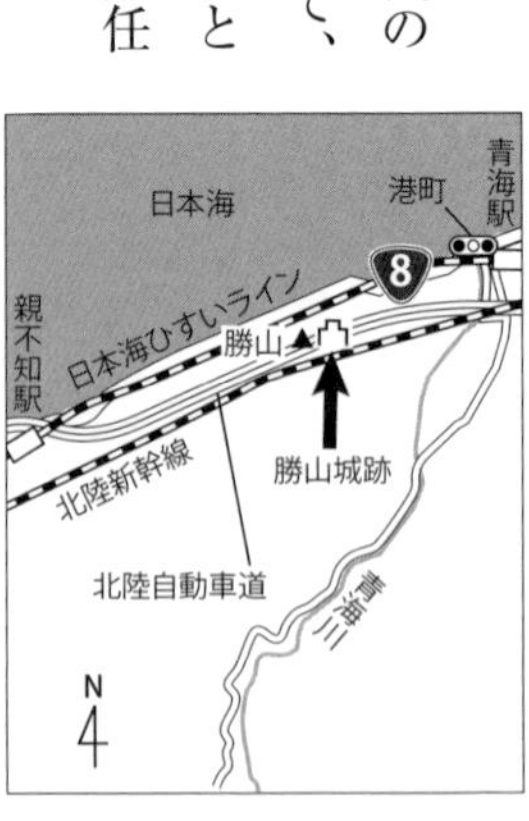

勝山城で豊臣秀吉と上杉景勝が会見したという伝説が伝えられている。１５８５（天正13）年、秀吉は越中の佐々成政を征伐すると、わずかの兵を率いて勝山城に現れ、景勝に会見したいと城主須賀修理亮盛能《すがしゅりのすけもりよし》に申し入れた。当惑した盛能はすぐ使者を春日山城へよこし、景勝の指示をあおいだ。

景勝は直江兼続ら数騎で勝山城に入り、秀吉と会見した。しばらくしてのち、２人は固い握手をかわし、今後の連携を約して別れたということである。この話は、武将上杉景勝をたたえるために創作されたものであろう。

石祠が立つ勝山城本丸跡

勝山城跡から市振までの海岸一帯約15㌔は「親不知子不知」(県名勝)と呼ばれ、北陸道最大の難所であった。

親不知子不知の名のおこりには、いくつかの説がある。狭い砂浜を波間をぬって走り抜けたので、親は子を、子は親をかえりみるゆとりがなかったからだという。また大納言平頼盛《たいらのよりもり》の妻がここを通り、愛児を波にのまれ、悲しみのうちに「親知らず、子はこの浦の波まくら、越路の磯のあわと消えゆく」と詠んだことから名づけられたともいう。

江戸時代、市振には高田藩の市振関所があった。ここには「改め女」がいて、通行女性の所持品、髪のなかや着物のなかを調べ、時には裸にして検査したともいう。

1689(元禄2)年、俳人松尾芭蕉も市振の宿で「一家《ひとつや》に遊女もねたり萩と月」と『奥の細道』に詠んでいる。

(2014年9月23日)

28 清崎城跡

越後騒動の影響で破却

清崎城跡は今の糸魚川市一の宮1に位置する平城。えちごトキめき鉄道糸魚川駅の南方約0・5キロ、糸魚川市役所や市民会館、市民図書館、相馬御風記念館の立つ一帯にあった。天津《あまつ》神社の参道と池が内堀跡の一部である。

糸魚川は北陸道と松本街道が交わる要衝の地であった。堀秀治が1598（慶長3）年に春日山城主になった後、一門の堀清重が根知城（糸魚川市）を廃して清崎築城を始め、入城したといわれている。先だって、上杉景勝が1583（天正11）年、糸魚川に新城の築城を根知城主西方房家に命じている。この新城が清崎城と同一であったかは、不明である。

市庁舎建設にあたって、発掘調査が行われた。その結果、江戸時代末期の「清崎城古図」に符合する建築遺構の一部が出土。江戸時代初期（17世紀）の陶磁器（唐津焼、伊万里焼、瀬戸焼など）や漆器なども出土した。

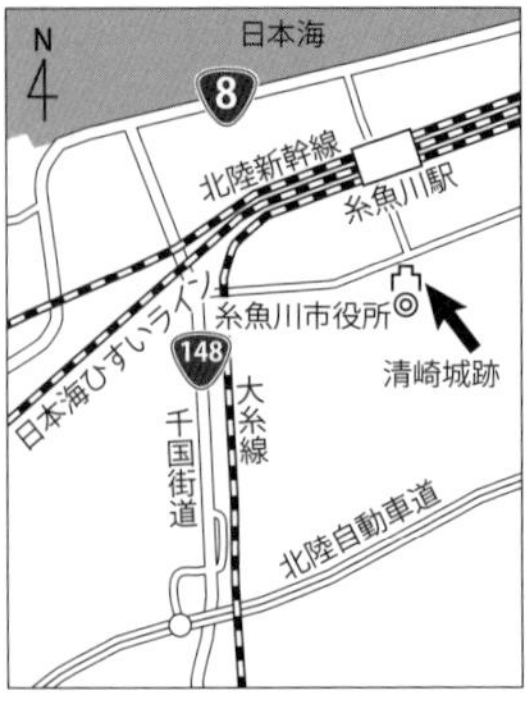

1610（慶長15）年、徳川家康の六男松平忠輝が福島城（上越市）の城主になったことに伴い、重臣松平筑後守信直も1万石で城代に。信直は1611（慶長16）年9月19日の松平忠輝寄進状に重臣の一人として連署している。この寄進状は居多大明神（居多神社、上越市五智6）に社領として、100石を寄進したものである。

1618（元和4）年に高田城主松平忠昌の臣稲葉正成が、1624（寛永元）年に松平光長の臣荻田主《おぎたしゅ》

天津神社の池などは清崎城の内堀の名残といわれる

馬《め》が、いずれも城代として清崎城に入った。

１６８１（天和元）年、越後騒動で高田藩主松平光長が改易《かいえき》、荻田主馬が流罪になると、清崎城は破却された。１６９１（元禄４）年に有馬清純が５万石で、１６９９（元禄12）年に本多助芳《すけよし》が１万石で糸魚川に入城したが、横町（糸魚川駅西方０・６キロ）に小規模な陣屋を置いたにすぎなかった。今日では、陣屋の井戸跡でしか当時をしのぶことができない。

１７１７（享保２）年、松平直之が１万石余で入封。以後、明治維新まで直好、賢房《かたふさ》、直紹《なおつぐ》、直益《なおます》、直春《なおはる》、直廉《なおきよ》、直静《なおやす》の８代、１５０年余り、親藩松平家の政治が続いた。

藩主松平家は江戸定府であったため、陣屋には郡代（時には城代）や奉行、代官が江戸役所から交代で赴任し、在地支配にあたった。

清崎城跡の東隣に天津神社が鎮座する。境内に奴奈川姫を祭る奴奈川神社があり、延喜式内社といわれている。

（２０１７年４月11日）

29 旗持城跡

天険の地形　巧みに利用

旗持城跡は柏崎市米山町に位置する標高366メートルの堅固な山城である。信越本線米山駅下車。駅前に立つと、眼前にその山容を仰ぐことができる。

国道8号を渡ると、「旗持山登山口」の案内板がある。上り60分、下り40分と書かれている。草木が生い茂っているので、登るには春か秋がよい。

本丸跡からは、眼下に日本海、信越本線、北陸自動車道、米山峠などが眺望できる。米山峠は上越と中越地方を結ぶ重要な拠点であった。標高993メートルの霊峰米山、旗持城跡、標高80メートルの聖ケ鼻砦が大屏風《びょうぶ》となり、道を完全にふさいでいる。江戸時代には、山麓米山町に高田藩3関所の一つである「鉢崎関所」が置かれていた。

旗持城は天険の地形を巧みに利用して構築されたため、大規模な普請は見られない。本丸跡は東西35メートル、南北30メートルの平坦地である。山麓米山町に通じる大手の尾根以外は急峻、絶壁でとても敵が侵入してこられるような地形ではない。

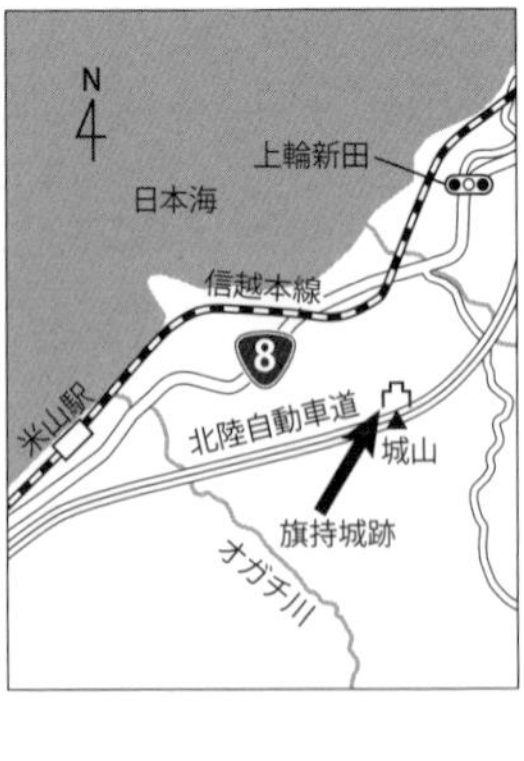

京都相国寺の僧万里集九も1488（長享2）年、越後府中（上越市直江津）へ向かう途中、旗持城下を通り、著書「梅花無尽蔵」に「揚州十里の簾《すだれ》に似たり」と、その景色の素晴らしさを賞している。

旗持城が文献に登場するのは、1578（天正6）年の上杉謙信死後に起こった御館の乱の時である。養子の上杉景勝が春日山城に、上杉景虎が御館に立て籠もり、国内を二分して戦いを展開した。

このとき旗持城には佐野清左衛門尉が立て籠もり、

堅固な山城だった旗持城跡

猿毛城（上越市柿崎区）将上野九兵衛尉、遠藤宗左衛門尉らと景勝の勝利に大きな役割を果たした。

景虎方の北条《きたじょう》城（柏崎市）主北条高広の子景広が城下を通ろうとした。報を受けた佐野は遠藤宗左衛門尉らと景広を撃退した。10月15日、景勝は佐野と配下の西村隼人佐、西村五郎左衛門、近藤甕二郎左衛門に感状を与えた。

年が明け1579（天正7）年1月11日、佐野は米山峠を敗走する景虎軍を撃破した。3月3日、佐野は景虎方の琵琶島城（柏崎市）将前島修理亮が御館（上越市）へ輸送しようとした食糧を奪い、水夫船頭の首を斬った。次いで翌4日、上条城（柏崎市）と琵琶島城を攻撃した。3月24日、景虎が鮫ケ尾城（妙高市）で自害し、乱は終結に向かった。

（2014年9月9日）

30 琵琶島城跡

川を巧みに利用 要塞化

琵琶島城跡は、別名を宇佐美城ともいい、柏崎市元城町、鵜川の河口、県立柏崎総合高校の敷地内にある。近世以降、「枇杷島」と書いた。信越本線柏崎駅下車、徒歩20分。

鵜川の蛇行部分にできた自然堤防上に構築された平城で、鵜川と本陣川（横山川）を堀とした。畑作、高校建設、鵜川の改修などで城跡は破壊され、その規模を知ることはできない。ただ校庭の一隅に立つ「枇杷嶋城趾」と刻まれた石碑が、古城を物語っているにすぎない。

鵜川の蛇行部分にできた勝島に本丸を、福島に二の丸を、琵琶島に三の丸を設置した。各郭自身が単独の要塞《ようさい》であった。本丸跡は標高4メートルで、周囲よりも1メートル高い。鵜川が氾濫しても浸水しなかったであろう。

1807（文化4）年の「白川風土記」には本丸跡東西40間、南北60間とある。本丸土塁は1951（昭和26）年ごろまで一部残っていた。堅固でない欠点を鵜川、泥沼地、剣野砦などで補ったものであろう。

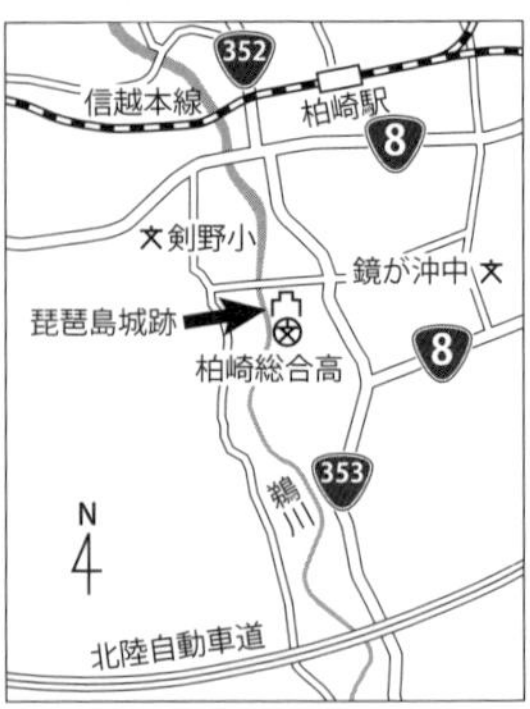

宇佐美氏は伊豆国田方郡宇佐美荘（静岡県伊東市）を根拠地とした豪族で、守護上杉憲顕に従って入国し、琵琶島城を根拠地とした。1355（文和4）年、上杉憲将に味方し、宇佐美荘顕法寺城（上越市吉川区）で挙兵。上条城（柏崎市）主上条氏とともに守護上杉氏を助け、守護代長尾為景とたびたび戦った。

1513（永正10）年7月24日の永正の乱の際、宇

柏崎総合高校の敷地内に立つ「枇杷嶋城趾」の石碑

佐美房忠は守護上杉定実を擁立し、上条定憲とともに小野城（上越市柿崎区）によって為景と戦ったが、翌1514（永正11）年に落城し、岩手城（同）に後退した。しかしここもついに同年5月26日に落城し、房忠以下一族がことごとく討ち死にした。ただ、房忠の子息のみ羽前の伊達稙宗《たねむね》の元に逃亡した。

1564（永禄7）年7月5日、宇佐美定満は坂戸城（南魚沼市）主長尾政景と野尻池（坂戸城下銭淵公園）で舟遊中、2人とも溺死した。これを機に宇佐美氏は没落したらしい。

1578（天正6）年の御館の乱の際、琵琶島城将前島修理亮が上杉景虎方に属したため、上杉景勝軍の攻撃を受けて落城した。1584（同12）年、景勝の家臣桐沢但馬守具繁《ともしげ》が入城したが、1598（慶長3）年の景勝の会津移封によって廃城となったと思われる。

（2014年2月25日）

31 柏崎陣屋跡

廃藩置県により役所に

柏崎陣屋跡は柏崎市大久保２丁目に位置。標高20メートル。信越本線柏崎駅から鵜川に架かる鵜川橋を渡り、坂井理容所の脇から入る。徒歩20分。入り口に「柏崎陣屋趾」「柏崎縣廳趾」の石碑がある。今日、住宅と大久保公園になっている。ここから柏崎市街地が一望できる。市史跡に指定。

北は日本海、東は鵜川が台地の裾を迂回《うかい》して流れ、西は番神岬まで砂丘が続いている。

１８５０（嘉永３）年の「柏崎陣屋絵図」（柏崎市立図書館蔵）によって、陣屋の規模が知りえる。東西１８０メートル、南北１６０メートル。陣屋内に役所、学問所、火術細工所、剣鎗術場、居合柔術場、馬場、弓術場、役宅、長屋、稲荷社などがあった。

柏崎地方は上杉景勝の会津移封後、堀秀治、松平忠輝の領地となり、さらに高田藩領となった（途中、一時、幕領となったこともある）。

１７４１（寛保元）年、高田藩主松平定賢《さだよし》が奥州白河藩へ移封となった際、柏崎地方は白河藩領となった。そこで翌１７４２（寛保２）年、柏崎支配の関係上、大久保に陣屋が築造された。同年８月10日から工事に入り、12月５日に竣工、同月15日に役人が移った。

ところが１８２３（文政６）年に白河藩主松平定永が伊勢国桑名へ移封となった際、柏崎地方はそのまま桑名藩領となった。１８３７（天保８）年６月１日には国学者生《いく》田《た》萬《よろず》が窮民救済のため一党を率いて陣屋に乱入したが、鎮圧された。柏崎小学校脇に「生田萬埋

柏崎陣屋、柏崎県庁の跡を示す石碑

骨場」の石碑がある。

1868（慶応4）年1月、桑名藩主松平定敬《さだあき》は徳川慶喜の意をくんで恭順の態度をとり、3月晦日《みそか》、藩士220人とともに柏崎に移り、謹慎した。ところが主戦強硬派が柏崎に到着すると藩論が一変し、主戦論にかわった。閏4月27日、鯨波で政府軍と交戦したが敗北。

1871（明治4）年の廃藩置県によって柏崎県が設置され、陣屋は県庁舎となったが、柏崎県は1873（明治6）年、新潟県に編入された。陣屋建物はのち解体。長屋も2011（平成23）年、解体された。

長屋内に遺っていた生田萬の乱のときの刀傷の柱は、柏崎市立博物館に保管。陣屋の裏門は今日、善照寺（刈羽村寺尾）の山門として遺っている。陣屋近くの勝願寺に、戊辰戦争で戦死、病死した桑名藩士の慰霊碑と藩主松平定敬の書による墓碑がある。

（2015年9月8日）

32 上条城跡

対抗勢力牽制へ要の地

上条城跡は柏崎市黒滝に位置する標高15メートルの丘陵上に築かれた館城である。信越本線柏崎駅からバス。上条集落で下車、徒歩5分。国道353号の脇に位置する。

城跡の東側を流れる鵜川は外堀の役割を果たした。御殿川に架かる御殿橋を渡ると、「上条城址入口」の碑があり、数メートル登ると本丸跡に至る。本丸跡は東西76メートル、南北65メートルの平坦地で、城史が書かれた「上条城址」の碑がある。

本丸跡には建築物があったと思われる。畑を耕作したところ、おびただしい量の中世陶器、かわらけと若干の青磁、染付、古瀬戸、石臼などが出土したという。本丸跡東南隅を「天守」と呼称している。物見櫓があったと思われる。

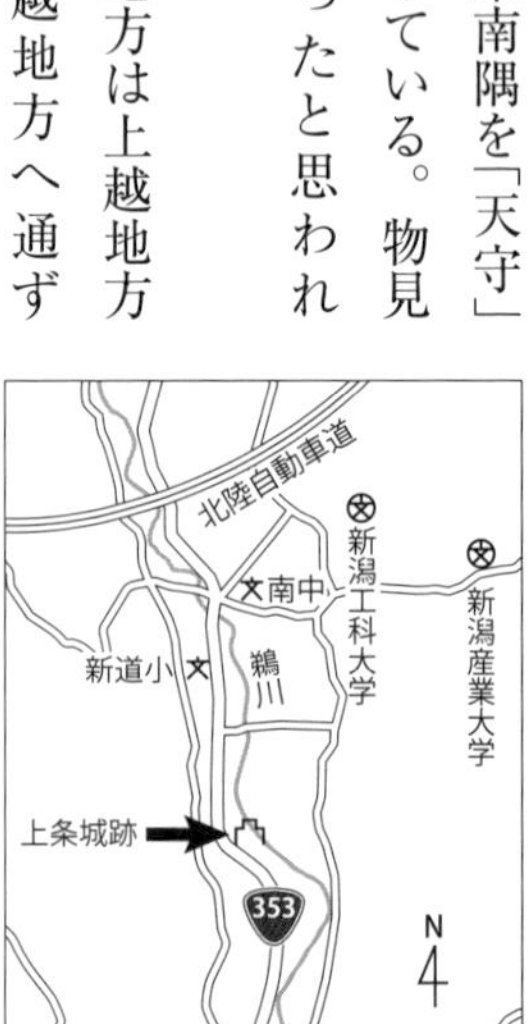

柏崎地方は上越地方から中越地方へ通ずる要路に当たるため、守護上杉氏にとって領国統治上、重要な地域であった。そのため上杉房方《ふさまさ》《ふさかた》は子の清方《きよまさ》《きよかた》を上条の地に封じ、上杉氏に対抗する武将の牽制に当たらせた。清方は1445（文安2）年に長泉寺（柏崎市黒滝）を創建し、上条氏の祖となった。

上条定憲は守護上杉氏のため、守護代長尾為景とたびたび戦った。1536（天文5）年、定憲は三分一原（上越市頸城区）で為景に敗れた。

政繁は能登守護畠山義続（石川県七尾市の七尾城主）の次子であったが、上杉謙信の養子となり、1571（元亀2）年、19歳で上条氏を相続して上杉景勝の妹

本丸跡に立っている、城の歴史が刻まれた碑

を室とした。

１５７５（天正３）年2月16日の「上杉家軍役帳」によると、政繁はいざ出陣の際、鑓63丁、手明（兵士）15人、鉄砲2丁、大小旗6本、馬上（騎馬兵）10騎の96人の軍役を負担した。１５７７年（天正５）年12月23日、謙信が家臣80人余を記した上杉軍団動員名簿「上杉家家中名字尽手本」に政繁の名前が見える。

１５７８（天正６）年の御館の乱では上杉景勝に味方し、軍功をあげた。１５８３（天正11）年、景勝の命で松倉城（富山県魚津市）将から海津城（長野市）将となった。１５８５（天正13）年3月、須田満親《みつちか》と交代し、景勝政権の中枢から離れた。翌年7月、景勝と対立し、上方へ出奔。景勝の会津移封後、徳川家康の食客となり、１６４３（寛永20）年、江戸で死去した。

一方、上条城は１６００（慶長５）年の上杉遺民一揆の際、上杉氏の残党に攻略され、以後、廃城となった。

（２０１４年3月11日）

33 安田城跡

大きな郭を築いた山城

安田城跡は柏崎市城の組に位置する標高50メートルの山城。信越本線安田駅から1キロ。長い陸橋を渡ると、城の組集落に至る。入り口に「安田城址入口」の石碑が立っている。コンクリートの道路を上ること10分、本丸跡に至る。

本丸跡には、第16代上杉隆憲氏揮毫《きごう》の「安田城址」の石碑と東屋がある。ここから田尻工業団地、柏崎市街、日本海が眺望できる。

本丸跡は幅17メートル、長さ71メートル、二の丸跡は幅20メートル、長さ85メートル。周囲に比較的大きな郭を築き、防備を固めた。集落内に「オンヤシキ」（御屋敷）、「オオサカ」（王坂、大手の坂）の呼称がある。館跡を物語っている。

安田氏は北条《きたじょう》毛利憲広の次男憲朝を祖とする。憲広は室町将軍足利義満から恩賞として拝領した鵜川荘安田条を１３７４（応安7）年4月27日、子の憲朝に譲った。義満は１３８０（康暦2）年6月28日、鵜川荘安田条地頭職を憲朝に安堵した。憲朝は土地の名にちなんで安田氏を名乗り、安田城を築いた。

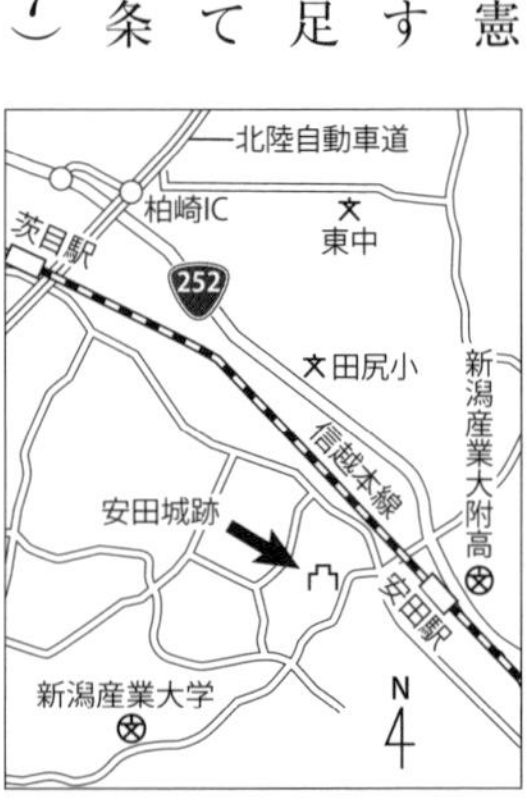

安田景元は上杉謙信の父長尾為景に味方し、１５３４（天文3）年5月21日、納下（柏崎市南下《のうげ》）で、上杉氏の一族上条定憲と戦い、勝利を得、為景から感状を賜った。

１５５４（天文23）年12月、一族の北条城主北条高広が武田信玄に内応し、上杉謙信に背いた。それを知った景元は、直ちに直江実綱に報じた。翌１５５５（弘治元）年1月14日、謙信は北条城攻撃の前線基地とな

安田城本丸跡に立つ石碑

る上条城と琵琶島城（柏崎市）に援兵を派遣した。

2月初め、謙信は自ら善根《ぜごん》（柏崎市）に出陣し、北条城攻撃の指揮を執った。景元は謙信軍を誘導した。謙信は2月13日、景元の戦功を褒めている。恐らくこの日以前に、北条高広が降伏したのであろう。

1575（天正3）年2月16日の「上杉家軍役帳」によると、顕元《あきもと》は鑓60丁、手明（兵士）15人、鉄砲5丁、大小旗5本、馬上（騎馬兵）10騎の95人の軍役を負担した。

1577（天正5）年12月23日、謙信が家臣80人余を記した上杉軍団動員名簿「上杉家家中名字尽手本」に、顕元の名前が見える。

1578（天正6）年3月13日、謙信が死去すると、御館の乱が起こった。その際、顕元と能元《よしもと》兄弟は上杉景勝に味方し、戦功を立てた。1598（慶長3）年、能元は景勝の会津移封に従った。以後、安田城は廃城になったと思われる。

（2014年11月11日）

34 北条城跡

本丸跡周辺に遺構多数

北条《きたじょう》城跡は柏崎市北条に位置する標高140メートルの山城である。信越本線北条駅下車、北西方向に城山が見える。5分ほど歩くと、北条氏の菩提寺専称寺に至る。寺の脇から大手の道を登ること20分。本丸跡に至る。

本丸跡は幅15メートル、長さ160メートルの細長い曲輪で、北端に「北条古城趾」と刻まれた石碑が立っている。桜の頃はにぎわう。

本丸跡を中心に規模の大きな曲輪群、空堀、畝形阻《そ》塞《さい》など、戦国末期の遺構がよく遺っている。本丸跡から東南方向に下る尾根が搦手道で、山麓に普広寺がある。

北条城主北条氏は、鎌倉幕府公文所別当大江広元の孫経光《つねみつ》を祖とする。経光は佐橋荘の地頭職に補任され、南条（柏崎市南条）に館を構えた。

1270（文永7）年7月、経光は次男時《とき》親《ちか》に佐橋荘と安芸《あき》国吉田荘を譲った。ここで安芸毛利氏が誕生。南北朝の動乱の際、時親が後醍醐天皇に味方して吉田荘に移ったため、佐橋荘は足利尊氏方となった毛利一族によって継承された。後に北条城を要害とし、城下の諏訪神社境内に館を構え、その地の名にちなんで北条氏を名乗った。

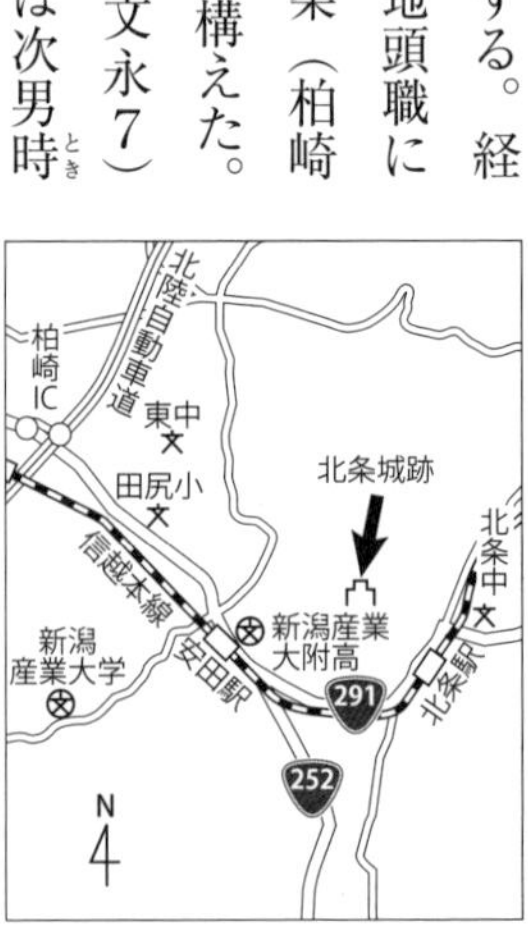

1554（天文23）年12月、北条高広は上杉謙信に背き、武田信玄に内応した。同月5日、信玄は甘利昌忠を高広の元へ遣わし、春日山城攻略の策を議させた。一族の安田景元は高広謀反を謙信幕下の直江実綱に報じた。

本丸跡に立てられた「北条古城址」と刻まれた石碑

謙信は1555（弘治元）年2月初め、自ら善根（柏崎市）に出陣し、北条城攻略の指揮を執った。2月13日、謙信が安田景元の戦功を賞していることから、高広はこの頃、降伏したのであろう。これ以後、高広は謙信の奉行職や七手組の隊頭の一人となった。1563（永禄6）年には上野国厩橋《まやばし》城（前橋市）の城代に抜擢《ばってき》された。

1578（天正6）年3月13日、謙信が死去すると、高広・景広父子は上杉景虎に味方し、小田原関東軍とともに越後に侵攻、上杉景勝軍と戦った。北条父子は景虎の立て籠もる御館（上越市）に入城し、景勝に抵抗した。翌1579（天正7）年2月1日、御館を守っていた景広は景勝軍の攻撃を受け、荻田孫十郎の槍に討たれた。北条城も2月27日、落城。

北条城は景勝の臣、桐沢具繁が入城したが、1598（慶長3）年、景勝の会津移封で廃城となった。

（2013年10月22日）

35 八石城跡

天険の地形巧みに利用

八石《はちこく》城跡は柏崎市善根に位置する標高441メートルの山城。信越本線柏崎駅下車。バスと徒歩で登山口へ。石川集落ないしは不動滝から険しい山道を登ること約1時間、本丸跡に至る。眼下に北条《きたじょう》、安田、赤田の各城跡、柏崎市街、日本海、米山などが眺望できる。柏崎地方を一目で掌握できる軍事上、重要な拠点であった。

八石城跡は天険の地形を巧みに利用しているため、普請は少ない。本丸跡は東西95メートル（幅30メートル）、南北90メートル（幅20メートル）のL字形の広い郭である。東隅にL字形の土塁と石碑が、集落側に土塁が、八石山側と集落側に空堀が構築されている。

特に集落側の空堀は深さ1メートル、幅1メートル、長さ41メートルで、規模が大きい。この下に馬隠し場と呼称されている場所がある。ここは二方が高さ1・5メートルの土塁で囲まれた地域で、薬草コシノカンアオイが生えている。この城では重要な場所であった。

八石城は毛利大万之助浄広と、その子周広の居城と伝わる。柏崎市飛岡の浄広寺は1485（文明17）年に浄広によって、同市与板の周広院は1534（天文3）年に周広によって創建されたという。

落城悲話が伝えられている。八石城主毛利浄広と子の周広は、共に武功の誉れ高い勇士であった。周広は北条城主北条丹後守の婿であったが、領土問題で丹後守と争論があった。

丹後守は周広を殺害しようと企てた。ある時、周広を北条城に招き、もてなした。周広は丹後守の計略を

多くの城を眼下に望んだ八石城跡

知らず、入浴中、湯殿に錠をかけられ、蒸し殺しにされた。家来たちも泥酔中に全員殺害されたという。そのとき八石城も落城したと伝えられる。

文献上では、次のことが分かる。北条城主北条高広が1554（天文23）年12月、上杉謙信に背き、武田信玄に内応した。安田城主安田景元は、ただちに直江実綱に報じ、謙信に忠誠を誓った。謙信は、景元の忠誠を心から喜んだ。

翌1555（弘治元）年1月14日、謙信は北条城攻撃のため上条城と琵琶島城（いずれも柏崎市）に援兵を派遣した。謙信は2月初め、自ら善根に出陣し、北条城を攻略した。謙信は同年2月13日に安田景元の戦功を褒めていることから、この日以前に北条高広が降伏したことであろう。

（2016年3月8日）

36 赤田城跡

景虎方居城攻撃の拠点

赤田城跡は刈羽郡刈羽村赤田町方に位置する標高１５４メートルの山城である。信越本線柏崎駅から曽地峠入り口へ。赤田町方の専徳寺から20分ほど大手の道を登ると、本丸跡に至る。

本丸跡には「斎藤下野守朝信《とものぶ》城趾」の石碑がある。ここから日本海、柏崎市街、刈羽村、米山などが眺望できる。本丸跡から北西の尾根を下ると、斎藤家の菩提寺東福院に至る。赤田町方集落には上町、中町、下町、裏町、中屋敷、向町、刑部屋敷、馬すて場などの字名や通称がある。城下町の面影を今日に伝えている。

赤田城は上杉謙信・景勝の家臣として活躍した斎藤下野守朝信の居城であった。謙信は１５６０（永禄３）年5月、居多神社（上越市）に制札を掲げ、同年5月13日にも府内の人々に5年間、諸役（税金）を免除した。これらに朝信は謙信の奉行人の一人として柿崎景家、北条《きたじょう》高広らとともに署名している。

１５５９（永禄２）年10月28日の「侍衆御太刀之次第」に、「披露太刀の衆」（国人衆「外様」、譜代）として名前を連ねている。

１５７５（天正３）年2月16日の「上杉家軍役帳」によると、朝信はいざ出陣の際、鑓１５３丁、手明（兵士）20人、鉄砲10丁、大小旗12本、馬上（騎馬兵）18騎の２５３人の軍役を負担した。１５７７（天正５）年12月23日、謙信が家臣80人余を記した上杉軍団動員名簿「上杉家家中名字尽手本」に名前が見える。

１５７８（天正６）年の御館の乱では、上杉景勝に

赤田城本丸跡に立つ「斎藤下野守朝信城址」の石碑

味方して与板城（長岡市）を救援し、5月10日、景勝から感状を賜った。

翌1579（天正7）年2月27日、景勝は赤田城を根拠地として善根と畔屋《あぜや》（いずれも柏崎市）に陣を張り、上杉景虎方の将北条高広、景広父子の居城北条城（同市）を攻撃した。翌1580（天正8）年閏3月14日、御館の乱に戦功のあった朝信は、景勝から刈羽郡内6カ所を除いた大澄の地（神余《かなまり》分）を、子の乗松丸は北条景広の遺領を恩賞として与えられた。

同年9月26日、朝信は城下の東福院に寺領を安堵し、諸役を免除した。1581（天正9）年に越中魚津城（富山県魚津市）を、翌1582（天正10）年には海津城（長野市）を守った。

東福院には長谷川与五左衛門秋重の墓がある。1564（永禄7）年の第5回川中島の合戦の際、上杉軍の小男長谷川と武田軍の大男安間彦六弘重が一騎打ちを行い、合戦の勝敗を決めた。両者格闘の末、長谷川が勝ったという。

（2013年11月26日）

37 二田城跡

切り立つ絶壁守り堅固

二田城跡は柏崎市西山町二田に位置する標高295メートルの山城。越後線礼拝駅下車。県道礼拝長岡線で、地蔵峠隧道《ずいどう》入り口手前から左へ登る。ここから30分。

本丸跡からは日本海、米山、柏崎市、信濃川、長岡市などが眺望できる。二田城跡は切り立った絶壁と大規模な土塁、空堀を配した堅固な山城であった。本丸跡を中心に空堀で切られた尾根は調和がとれ、美しい山容となっている。

本丸跡は東西35メートル、南北19メートルで、三角点、祠《ほこら》、石碑がある。3本の尾根が山麓へ向かって延びている。本丸跡から南の地蔵峠、地蔵トンネル、二田集落方向への尾根には曲輪・土塁・空堀が一番多く構築されている。

本丸跡南下に長さ55メートル、幅27メートルの広い曲輪がある。地元の人は、ここを「馬場跡」と呼んでいる。一番規模の大きな空堀は、本丸跡北にある深さ10メートル、幅2メートル、長さ21メートルのものである。

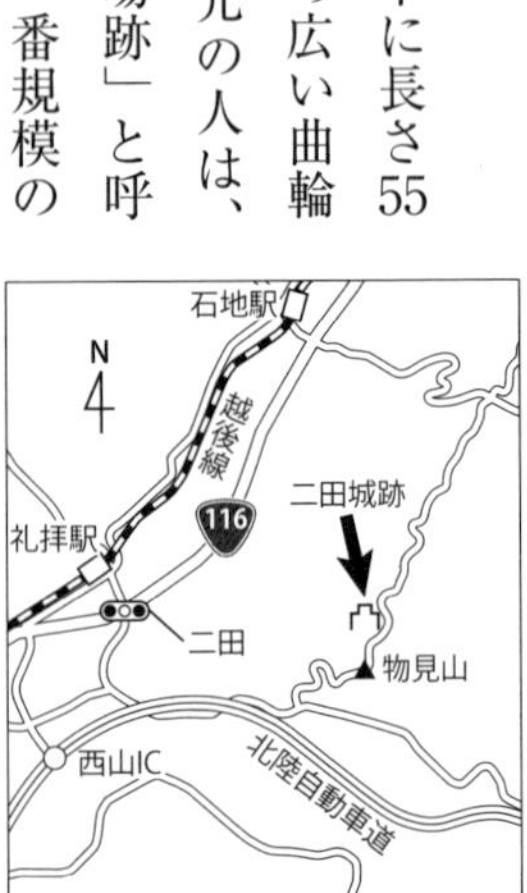

城主の館はどこにあったか、不明である。二田物部神社（柏崎市西山町二田）の神主がある時期、城主を兼ねていたと思われるので、二田集落内にあったと思われる。しかし長岡市大積三島谷に根小屋と呼称されている所がある。ある時期、ここに城主の館があったのであろう。

「二田村郷土誌」によると、二田城は物部神社の神主によって築城され、のち、上杉家の家臣元井玄蕃頭《げんばのかみ》・須田大炒頭《おおいのかみ》長義《ながよし》・梅津半左衛門が城を守ったという。しかし伝承だけで、詳しいことは不明である。

堅固な山城を誇った二田城本丸跡

梅津氏は１５７８（天正６）年の御館の乱の際、上杉景虎方に味方したため、上杉景勝軍に敗れて討ち死にした。一族は城に火を放ち、姿をくらましたという。梅津氏は上杉家の家臣ではなく、常陸《ひたち》の佐竹義重の重臣といわれている。上杉謙信が小田原城主北条《ほうじょう》氏康を牽制するため、佐竹氏と提携して家臣を交換した。こうして梅津氏が越後に来て、二田城にいたのであろう。

１５９９（慶長４）年から翌年にかけ、越後の農民が上杉家浪人や真言宗の僧らに扇動されて、春日山城主堀秀治に反抗した。堀家の支配と検地に不満な農民をかきたてた。越後一揆（上杉遺民一揆）である。その際、物部神社の神主三島惣郡太夫是政も一揆に加わり、各地で堀秀治軍と戦った。一揆を指揮した是政は会津へ逃亡し、嫡子是道が神主を相続した。

（２０１５年12月８日）

38 椎谷陣屋跡

激動の世に移転も幾度

椎谷陣屋跡は柏崎市椎谷字打越に位置する県指定史跡。信越本線柏崎駅からバス、椎谷中央で下車、徒歩3分。海岸に面した町の中央に位置。集落より7メートル高い台地上にある。東西53メートル、南北65メートル、ここに稲荷神社と歴史を刻んだ石碑がある。

陣屋には藩邸、勤番所、砲術稽古場、大門、馬場などがあった。中心部の北側に接続して東西、南北各50メートルの郭がある。役所、武器蔵、籾《もみ》蔵などがあった。現在、大手門跡、搦手門跡、土塁、士族長屋跡、石垣などしか陣屋の面影をとどめていない。

椎谷藩祖堀直之は堀直政の子である。1598（慶長3）年、豊臣秀吉の命で上杉景勝が会津（福島県）へ移り、代わって堀秀治が越前北庄城（福井市）から春日山城に入った。秀治の家老直政は5万石で三条城（三条市）主となった。

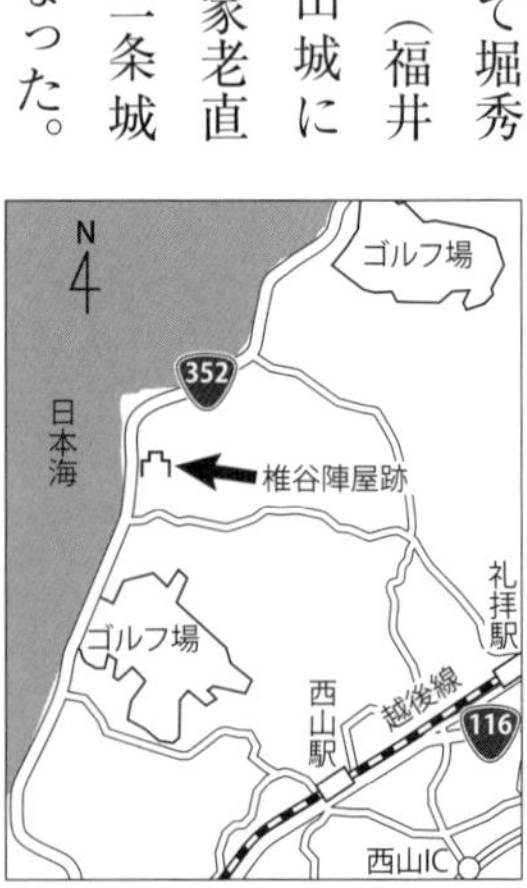

ところが1610（慶長15）年、堀家の一族争いが起こり、徳川家康によって城地を没収された。その際、直之は徳川2代将軍秀忠に仕え、功労によって1616（元和2）年、越後刈羽郡椎谷領5500石を賜り、陣屋を妙法寺の超願寺に設けた。

さらに1619（元和5）年、陣屋を椎谷の「からみの前」に移した。次いで直之は上総《かずさ》国（千葉県）に4千石を加増され、その子直景も2千石を領した。1642（寛永19）年、直之が死去したので直景が家督を相続し、1万石の大名となり、椎谷藩が成立した。1697（元禄10）年、藩主直央《なおなか》のとき、領地の上

椎谷陣屋跡に立つ稲荷神社

総国と蒲原郡・三嶋郡4500石とが入れ替えになり、椎谷藩はここで初めて越後国に領地を確保することとなった。そこで直央は1715（正徳5）年、陣屋を現在の打越の地に移転した。

1868（慶応4）年、明治天皇から勅書が椎谷藩に下った。藩では勤王の誓書を天皇に呈していたが、同年5月6日、水戸藩の浪士によって陣屋が焼かれた。1869（明治2）年の版籍奉還によって藩主堀之美は椎谷藩の知藩事に任命され、陣屋が藩庁となった。1871（明治4）年の廃藩置県で椎谷県が設置された。同年11月、椎谷県が廃されて柏崎県に統合され、椎谷陣屋の任務は終わった。

椎谷は戦国時代の1510（永正7）年6月12日、守護代長尾為景が関東管領上杉顕定との戦いに勝利した地でもある。

（2014年4月22日）

39 松代城跡

謙信関東出陣の要衝地

松代《まつだい》城跡は十日町市松代字城ノ腰に位置する標高386メートルの山城で、十日町市の史跡に指定されている。旧松代町の中心部、ほくほく線まつだい駅下車。駅前からその山容を仰ぐことができる。登ること30分。

本丸跡は10メートル×22メートル。上杉謙信が来城のおり、袈裟《けさ》を掛けたと伝える「袈裟掛けの松」があったという。城跡の正面に渋海川が流れ、背後は深い山が連なる要害の地であった。

三の郭跡下に松代城跡展望台がある。建設にあたって、遺構の一部が破壊されてしまった。ここから下方一帯が城跡公園キャンプ場、憩いの場として一般に開放されている。

山麓の馬場塚に曹洞宗長命寺がある。この地は戦国時代、松代城の馬場であった。そこに江戸時代、長命寺が創建されたのである。

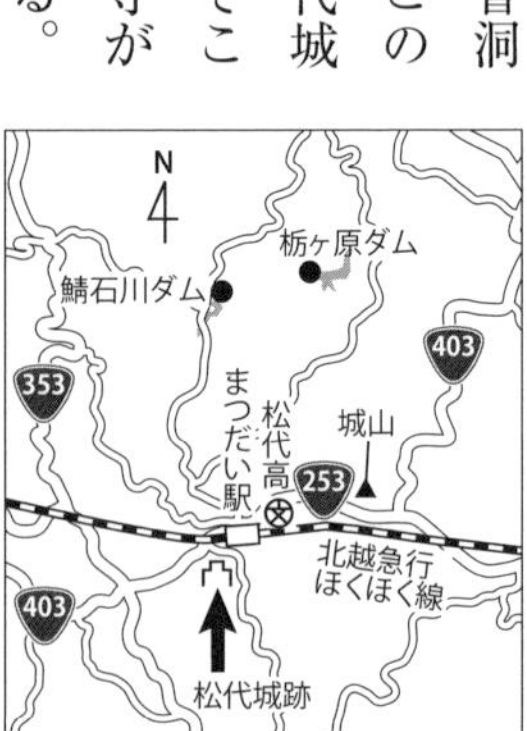

松代城はいつ築城されたか、不明である。しかし春日山城から関東へ通じる三国街道上に立地していたため、南北朝の動乱時代（14世紀）に築城されたであろう。しかし、城史を物語る文献は何も残っていない。

伝承によると、直峰城（上越市安塚区）主・風間信濃守信昭の一族、風間九郎左衛門尉定勝の居城であったという。定勝が新山城（十日町市松之山新山）主・下坂又左衛門政成や室野城（十日町市室野）主・渡辺民部大夫などと南朝方として、足利尊氏軍と戦ったが敗れたという。風間という姓から、南北朝の動乱時代の直峰城主・風間信濃守の一族であったかもしれない。

山頂からの眺め。左の建物は展望台

上杉謙信は生涯、13回にわたって関東へ出陣（越山）した。その多くは松代城下を通ったと思われる。この三国街道は松之山街道、上田街道などともいわれた。春日山城から関東へ出陣する最短距離であった。この街道には直峰城（上越市）、犬伏《いぬぶせ》城（十日町市）などの堅固な山城があった。

謙信は１５７１（元亀２）年5月20日の書状で、春日山城を発し、松山（旧松代町）、塩沢（南魚沼市）、三国峠を越えて沼田城（群馬県沼田市）へ出陣する予定を報じている。これらを物語るかのように安塚神社（上越市安塚区）に１５７５（天正３）年銘の春日灯籠が、松苧《まつお》神社（十日町市犬伏）に謙信寄進の日の丸の軍配が所蔵されている。１５７８（天正６）年の御館の乱の際、犬伏城主・小森沢政秀が景勝方として大きな役割を果たしたことから、松代城にも景勝方の武将が立て籠っていたと思われる。

（２０１５年2月10日）

40 犬伏城跡

上杉軍 関東出陣の拠点

犬伏城跡は十日町市犬伏に位置する、標高365メートルの堅固な山城で、上杉謙信関東出陣の拠点となった。飯山線十日町駅からバス、犬伏集落入口で下車。犬伏から30分ほど登ると本丸跡に至る。

本丸跡からは旧三国街道、松代城跡、蒲生《かもう》城跡、室野城跡（旧松代町）などが眺望できる。本丸跡は東西12メートル、南北32メートル。二の丸跡には横井戸がある。曲輪、空堀、土塁、虎口、大手の道など、戦国期遺構がよく遺っている。

現在の犬伏集落は、戦国時代の館であった。内郭は東西120メートル、南北110メートル、周囲が空堀、泥田堀、畝形阻塞、土塁で囲まれていた。

「温古之栞《しおり》」によると、1350～52年（観応年間）に足利尊氏方の原田喜太郎の、1362～68年（貞治年間）には上杉憲顕の家臣丸山弾正の居城であったという。1507（永正4）年8月、守護上杉房能が天水越《あまみずこし》（十日町市松之山）で自刃した際、城主丸山左近入道信澄も討ち死にしたという。

1578（天正6）年、御館の乱が起こると、景虎救援のため兄の北条《ほうじょう》氏政は弟氏照、氏邦に越後へ侵攻させた。北条軍は景勝の拠点坂戸城（南魚沼市）付近まで進出した。その際、甲斐の武田勝頼は景勝を応援するため、兵を越後へ送った。勝頼軍は妻有荘《つまりのしょう》（十日町市）に着陣し、坂戸城に入ろうとした。

坂戸城将小森沢政秀は城を明け渡し、犬伏城に移った。同年9月27日、景勝は小森沢の判断を褒め、移動

犬伏城廃城後は宿場町として繁栄した犬伏集落

に必要な人員を直峰城（上越市安塚区）主に命じた。景勝が勝利を得たのは、犬伏城をはじめ上越周辺の城砦群を掌中に収めたからにほかならない。

１５９８（慶長３）年、景勝の会津移封後、堀秀治の支配となったが、１６１０（慶長15）年の堀家没落とともに廃城となった。しかし犬伏集落は街道の宿場町として繁栄した。それは今、江戸屋、山城屋などの屋号が残っていることでも分かる。

松苧神社（犬伏）には、上杉謙信奉納の「日の丸の軍配」と小刀（銘「備州長船《おさふね》兼光《かねみつ》」）が所蔵されている。謙信が関東へ出陣する際、戦勝を祈願したものである。

松苧神社の本殿（国重要文化財）は１４９７（明応６）年建立で、年代が明らかな建築物としては、県内最古のものである。

（２０１４年３月25日）

41 琵琶懸城跡

絶壁、土塁で堅固な構え

琵琶懸《びわがけ》城跡は、十日町市城之古《たてのこし》に位置する館城跡。別名羽川《はねがわ》城と呼ばれる。飯山線十日町駅下車。十日町駅の西南方約2キロ、徒歩30分ほどでたどり着く信濃川右岸の河岸段丘の先端にある。南に羽根川が流れる。戦いに敗れた城主が琵琶をひき終えた後に自刃したという伝承から城名となった。

城之古集落の西南、空堀を渡ると三の丸跡、二の丸跡、本丸跡へと続く。館城跡の保存状態は、極めて良い。二の丸跡と三の丸跡は畑となっている。南と西側は段丘崖の絶壁、北と東側は土塁と空堀が構築され、堅固な構えがうかがわれる。

本丸跡は東西50メートル、南北40メートル、北側と東側に高さ3メートルの土塁と深さ2メートルの空堀がある。本丸跡東側の郭は東西25メートル、南北40メートル、東側の空堀の外に丸馬出《まるうまだし》が見られる。二の丸跡は東西100メートル、南北40メートル。三の丸跡は東西80メートル、南北70メートル、墓地と観音堂がある。

琵琶懸城は南北朝の動乱時代（14世紀中頃）、南朝方の羽川（羽根川）刑部《ぎょうぶ》が築城したと伝えられている。当時、妻有郷（十日町市）は、南朝方の武将の本拠地であった。その中心が大井田城（十日町市中条）を拠点とした大井田経隆《つねたか》、氏経《うじつね》父子であった。

1333（元弘3）年5月8日、新田義貞が護良《もりよし》親王の令旨《りょうじ》を奉じて鎌倉幕府打倒の兵を挙げた。その際、羽川備中守は大井田氏経のもと、里見時成、田中修理亮、鳥山家成らの魚沼武将とともに各地を転戦した。

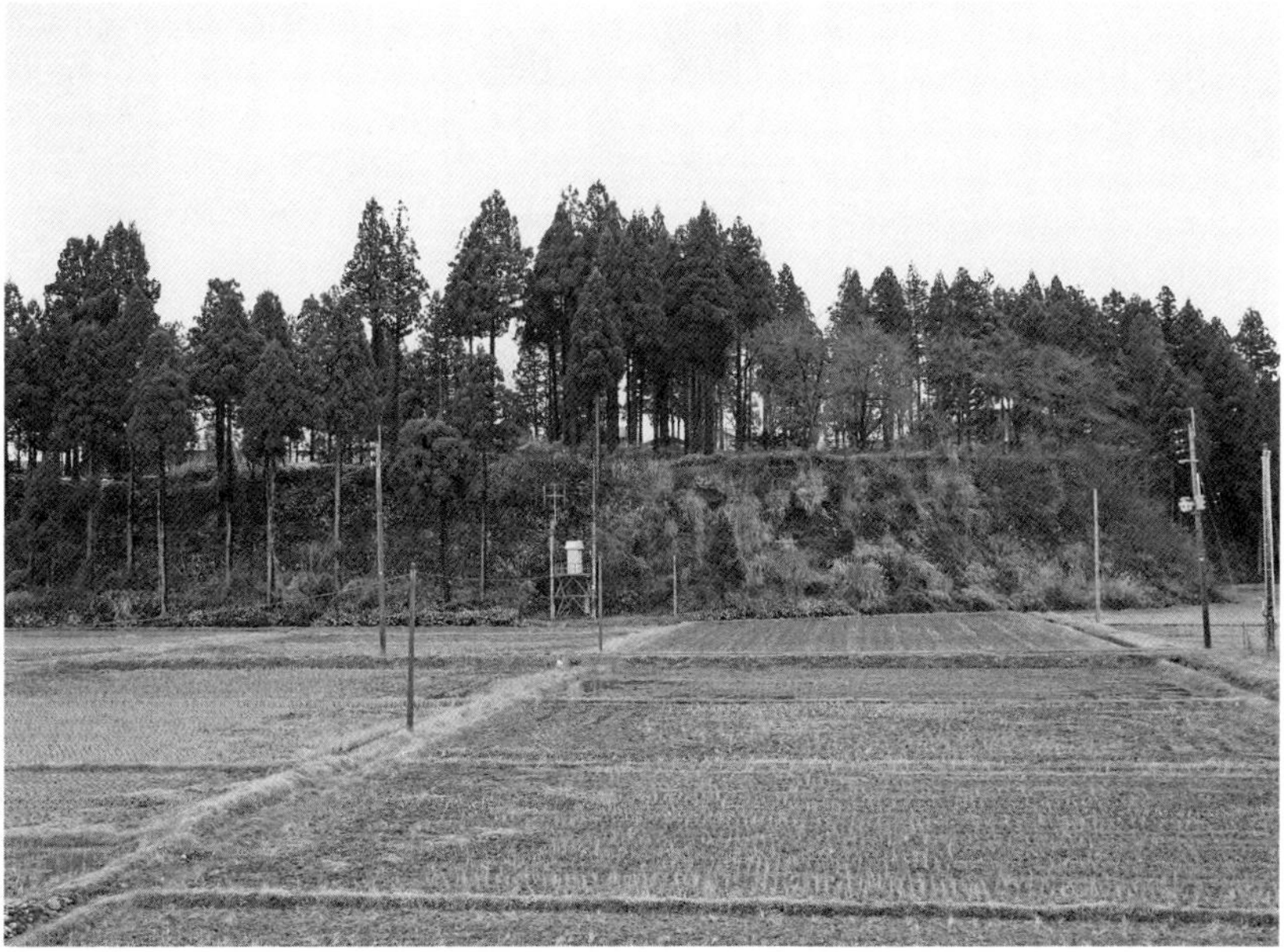

信濃川の方向から眺めた琵琶懸城跡

1335（建武2）年11月19日、足利尊氏、直義《ただよし》兄弟が後醍醐天皇に背くと、新田義貞は尊良親王を奉じて鎌倉に下った。そのとき大井田氏経をはじめ羽川備中守、里見時成、鳥山家成、大島盛義、風間信濃守、小国政光、河内為氏、荻《おぎ》（小木）らの越後武将も参陣した。

上杉謙信死後に起こった1578（天正6）年の御館の乱の際、金子次郎右衛門家忠が小森沢政秀とともに上杉景勝に味方して戦功をたてた。乱後、景勝から琵琶懸城将に命じられ、在城した。

『御家中諸士略系譜』に「金子次郎右衛門家忠　上田　長尾家ニ代々勤仕　景勝公御代軍功ニ付　御書賜之越後之内琵琶掛之城ニ被差置」とある。金子は今井城（津南町上郷大井平）の城将をも兼ねていたと伝える。

金子は1594（文禄3）年の『文禄三年定納員数目録』にも登場する。1598（慶長3）年、上杉景勝に従って会津へ移った。

（2016年12月13日）

42 大井田城跡

支城多く構え要害の地

大井田城跡は十日町市中条に位置する標高300メートルの山城で、県の史跡に指定されている。通称城山。飯山線魚沼中条駅下車、中条小学校の脇から舗装道路を行く。駐車場から「大井田城跡」「清風万里大井田城」の石碑を経て登ること5分、本丸跡に至る。

本丸跡には越後南朝軍として軍功を挙げた大井田経隆・氏経、羽川刑部少輔、中条越前守の供養塔が立っている。城跡の正面は比較的緩やかな斜面であるが、三方は深い谷に囲まれ要害の地であった。

頂上に櫓台跡、その下方に曲輪、畝形阻塞、空堀、土塁が構築されている。大井田城を本城に、周囲に多くの支城（「大井田十八城」と呼ばれる）を配した山城であった。

南北朝の動乱時代、新田義貞軍として軍功を挙げた大井田氏経の居城であった。大井田氏は清和源氏新田氏の祖・義重の子・義俊を祖とする。義俊は上野国碓氷《うすい》郡里見荘に住して里見氏を称した。義俊の孫義継は子の氏継とともに妻有荘（十日町市）大井田郷に住み、大井田氏を名乗った。

1333（元弘3）年、新田義貞が鎌倉幕府打倒の兵を挙げた際、大井田氏経は里見遠江守時成、田中修理亮、羽川備中守、鳥山家成らの魚沼武将とともに新田軍として各地を転戦した。

1335（建武2）年、足利尊氏、直義兄弟が後醍醐天皇に背くと、新田義貞は討伐のため鎌倉に下った。その際、氏経をはじめ、風間信濃守、里見、鳥山、羽川、高梨、小国、河内、大島らの越後武将も参陣した。

大井田城本丸跡に立つ、大井田経隆・氏経らの供養塔

１３３８（暦応元）年７月、氏経は風間信濃守などの越後南朝軍とともに越前へ向かい、藤島城の戦い（福井市）に参加した。しかし新田義貞の討死により、南朝軍は大打撃を受けた。

１３５２（文和元）年、義貞の遺子義興、義宗兄弟は、上野国で足利尊氏打倒の兵を挙げた。氏経、風間信濃守、村岡三郎らは宗良親王に従って関東へ向かったが、武蔵国小手指原（埼玉県所沢市）、入間河原（狭山市）、高麗原《こまがはら》（日高市）で尊氏軍と戦い、惨敗した。

１５９４（文禄３）年の「定納員数目録」に大井田喜七郎、大井田平右衛門が登場する。大井田氏は上杉景勝に従って会津へ、次いで米沢に移った。

（２０１４年４月８日）

43 節黒城跡

戦国時代　上野氏が勢力

節黒《ふしくろ》城跡は十日町市上野甲に位置する標高365メートルの山城で、市指定文化財史跡だ。飯山線下条《げじょう》駅で下車し、新町新田集落から節黒城跡キャンプ場へ。ここまで車で行ける。徒歩10分で、展望台を経て本丸跡に至る。

本丸跡からは十日町市街地、信濃川から遠くは駒ケ岳、八海山、巻機《まきはた》山などが眺望できる景勝の地である。「城山《じょうやま》」と呼ばれ、初夏には大名行列が催されている。節黒城跡保存会が城跡の保存と整備を行っている。

本丸跡は東西33メートル、南北23メートルの三角形で、「節黒城址」の石碑が立つ。二の丸跡に高さ2メートルの土塁と直径2メートル、深さ3メートルの井戸がある。二の丸跡東下方に狼煙台、鐘楼台と称する郭がある。ここには展望台と「上野氏之碑」の石碑がある。本丸跡を中心に、新町新田集落に下る尾根（大手道）には、戦国末期の遺構が遺っている。

この地域は中世において波多岐《はたき》荘、または妻有荘と呼ばれた。清和源氏新田一族の大井田・鳥山・羽川・里見氏らの根拠地であった。

1352（文和元、正平7）年、新田義貞の三男義宗が武蔵国小手指原の合戦で敗退して波多岐荘に落ち延び、節黒城を築いたと伝えられている。

上野氏も新田氏の一族で、鎌倉時代末期から南北朝の動乱時代にかけて、この地に土着。戦国時代には節黒城を根拠地に勢力をもった。上野氏は1526（大永6）年、守護上杉房定三十三回忌法要に香典を贈った。

節黒城跡に立つ展望台

上野家成は1548（天文17）年12月30日、長尾景虎（上杉謙信）が春日山城主に就任すると、祝賀した。1556（弘治2）年8月23日、箕冠城（上越市）の城主、大熊朝秀が謙信に背くと、家成は謙信軍として朝秀を駒帰《こまがえり》（糸魚川市）で撃破した。

1569（永禄12）年、越相同盟締結の交渉にあたって、沼田城（沼田市）在番衆として働いた。翌1570（元亀元）年2月18日、北条《ほうじょう》氏康・氏政父子は謙信に誓書を送り、人質交換（氏康の七男三郎と柿崎景家の子晴家）を約束した。このとき、家成は松本景繁・河田重親と交渉にあたった。

1577（天正5）年12月23日の上杉軍団動員名簿「上杉家家中名字尽手本」に名前を連ねている。翌1578（天正6）年の御館の乱の際、上杉景勝方として沼田城に立てこもったが、河田重親に攻囲された。

節黒城はその後、上野氏が上杉氏の会津移封に従い、廃城となった。

（2016年9月13日）

44 荒戸城跡

景虎救援軍を阻止へ

荒戸城跡は「荒砥城《あらと》」とも書く。南魚沼郡湯沢町神立に位置する標高789メートルの堅固な山城で、県の史跡に指定されている。

上越新幹線越後湯沢駅から国道17号へ、芝原トンネル入り口手前から左に入る。ここから400メートル、左側に「荒戸城跡登山口」の看板がある。車2台ほど駐車できる。

整備された道を登ると、「荒戸城跡大手登山口」「荒戸城二ノ丸跡」の標柱があり、20分ほどで「荒戸城本丸跡」に至る。

本丸跡は東西、南北それぞれ30メートル、三方が高さ2メートルの土塁に囲まれている。二の曲輪と三の曲輪の入り口には桝形《ますがた》、土塁、空堀が構築されている。堅固な構えがうかがえる。

本丸跡からは三国峠、湯沢町中心部などが眺望できる。芝原峠を越えて越後に侵攻する敵を迎え撃つ重要な役割を持っていた。関東小田原北条《ほうじょう》軍を最初に撃破する基地だった。

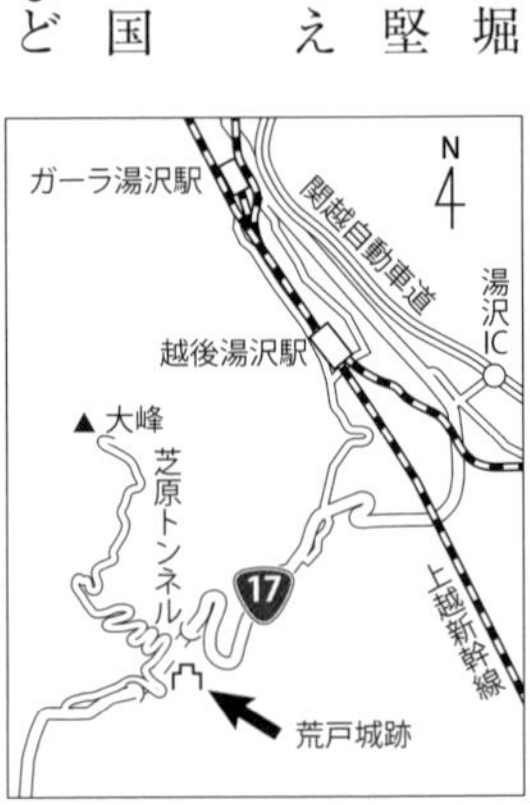

1578（天正6）年、上杉謙信が死去すると、御館の乱が起こった。景勝は景虎救援の関東小田原北条軍を阻止するため、同年6月27日、深沢利重らに荒戸築城を命じた。この景勝書状に「あらと」が登場する。

上杉謙信が1571（元亀2）年に栗林政頼、大石芳綱らに命じて築いた浅貝寄居城（湯沢町三国）とともに、越後国境警備の城郭として、築城時期の明らかな城郭として重要。

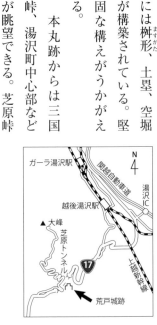

荒戸城の本丸跡に立つ標柱

景勝は深沢利重、樋口主水助《もんどのすけ》、登坂安忠らに関東軍侵攻に備えて1578（天正6）年7月5日、同12日、8月15日などに防備を厳重にせよと命じている。

8月、小田原北条軍は荒戸城を攻略し、樺沢城（南魚沼市）を根拠地に景勝軍と各地で戦った。関東軍は10月に入ると、北条《きたじょう》高広、河田重親らを越後にとどめ、来春の来越を約して関東へ引き揚げた。

そのため越後では景勝軍優勢のうちに翌1579（天正7）年の春を迎えた。景勝は戦機熟したとみて、3月、荒戸城を奪還した。同24日、景虎が鮫ケ尾城（妙高市）で自害。御館の乱は終結した。

1581（天正9）年2月3日、景勝は樋口与三右衛門兼重、富里三郎左衛門らを荒戸城将に命じた。特に樋口与三右衛門は樋口（のち直江）兼続の父兼重といとこ同士である。与三右衛門の子が与右衛門である。燕市の樋口与右衛門家は、その子孫に当たる。

（2013年9月24日）

45 坂戸城跡

景勝と兼続の生誕の地

坂戸城跡は南魚沼市坂戸に位置する標高634メートルの堅固な山城で、国の史跡に指定されている。2009(平成21)年のNHK大河ドラマ「天地人」以来、ここを訪れる観光客は多い。上杉謙信の姉仙桃院の嫁ぎ先であり、謙信の後継者となった上杉景勝とその家老直江兼続の出身地でもある。

上越線六日町駅前に立つと、眼前にその雄姿を仰ぐことができる。

魚野川に架かる六日町大橋を渡り、内堀跡(埋田堀)から坂道を上ると家臣屋敷跡が、その奥に城主の御館跡がある。東西80メートル、南北120メートルの長方形で、周囲に低い土塁が遺っている。正面には門跡と、高さ2メートル、長さ80メートルの野面積《のづらづみ》石垣がある。この前に「史跡坂戸城跡」と「上杉景勝・直江兼続生誕之地」の石碑が立っている。

御館跡から一本杉、上屋敷(桃の木平)を経て、大手の道を登ること80分(下りは60分)、実城《みじょう》(本丸跡)に至る。ここに富士権現社が祭られている。

坂戸城跡の位置する上田荘は、越後から三国峠を越えて関東に通じる街道上にあり、古代から軍事上重要な根拠地となっていた。坂戸城は上田荘が一望できる要衝の地にあった。

南北朝の動乱時代(14世紀中頃)、南朝方の新田一族によって築城されたと伝える。室町時代の初め、守護上杉憲顕に従って越後に入った守護代長尾氏の一族がここを根拠地とした。

御館跡に立つ「上杉景勝・直江兼続生誕之地」の石碑

１５４８（天文17）年、長尾景虎（上杉謙信）が兄晴景に代わって春日山城主となると、１５５０（天文19）年、長尾房長、政景父子は謙信に背いたが、翌１５５１（天文20）年、降伏した。

１５６４（永禄７）年、政景は琵琶島城（柏崎市）主宇佐美定満と谷後の野尻池で舟遊び中、酒に酔って水泳し、２人とも溺死するという事件が起こった。この後、政景の子景勝が謙信の養子となり、小姓の樋口与六（後の直江兼続）とともに春日山城に移った。

１５９８（慶長３）年、景勝に代わって堀秀治の臣堀直寄《なおより》が入城したが、１６１０（慶長15）年、堀家の没落で廃城となった。

政景の墓は城下の龍言寺跡（坂戸）に、景勝、兼続勉学の寺は雲洞庵（雲洞）、鈴木牧之記念館（塩沢）に「坂戸城絵図」がある。

（２０１３年５月14日）

46 樺沢城跡

要衝を望む絶好の立地

樺沢城跡は南魚沼市樺野沢に位置する標高304メートルの山城で、県の史跡に指定されている。上杉謙信の遺領を相続した上杉景勝生誕の地と伝える。

上越線大沢駅下車、臨済宗龍澤寺前から登る。望楼跡、大手口、三の丸跡、二の丸跡、景勝の胞衣《えな》を納めたと伝える胞衣塚を経て本丸跡に至る。30分。遊歩道が整備され、草花をめでながらの散策は楽しい。

本丸跡からの眺望は素晴らしい。東北方に坂戸城跡の威容を仰ぎ、眼下に魚野川、三国街道、上田荘を見渡せる絶好の地にある。

本丸跡の周囲に鉢巻き状石垣が一部遺っている。中腹から下方にかけて鉢巻き状に土塁と空堀が構築されている。これは越後には見られない。御館の乱の際、小田原北条《ほうじょう》氏がここを占拠した折に補強したのであろう。

城主の館は樺沢城の東麓、樺野沢集落より一段高い段丘上にあった。上越線が館の中央部分を走っているので、遺構は何も遺っていない。わずかに御屋敷、上屋敷、中屋敷、元屋敷、馬場、的場などの小字名が当時を物語っているにすぎない。元屋敷跡と大沢駅との途中に御屋敷跡があり、ここに「樺澤城跡」の碑がある。

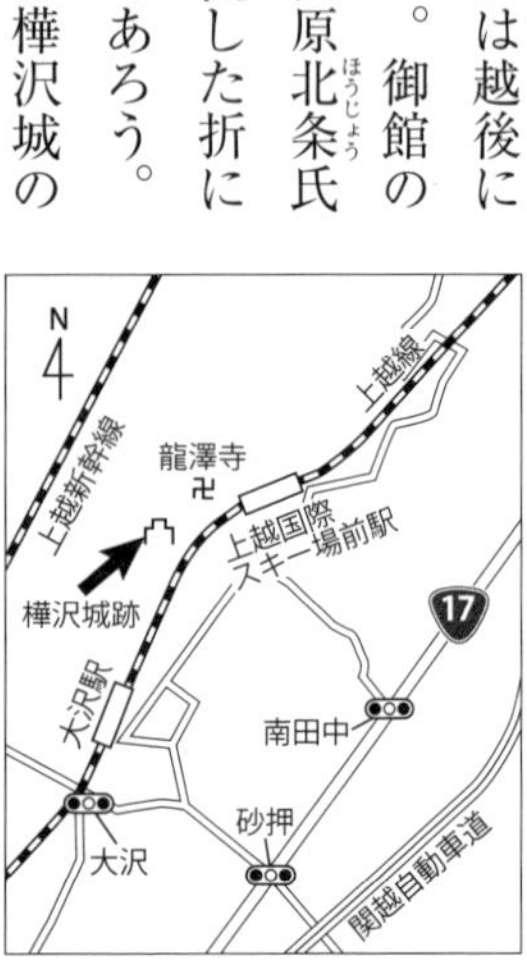

この城に栗林政頼、黒金上野介、直江兼続の父樋口惣右衛門らが在城したという。

1578（天正6）年、上杉謙信死後に御館の乱が起こると、関東小田原城主北条《ほうじょう》氏政は弟景虎を救援するため、氏照、氏邦を大将とし、厩橋城将北条《きたじょう》高広、

上田荘を望む樺沢城の本丸跡

沼田城将河田重親らを先鋒として越後へ送った。その数2万とも4万ともいわれている。

10月に入ると、氏照は北条《きたじょう》輔広・河田重親らを樺沢城に、北条高広・篠窪出羽守らを景虎の立て籠もる御館（上越市）にとどめて帰国した。

景勝軍優勢のうちに1579（天正7）年の春を迎えた。関東軍の拠点であった樺沢城は2月3日、落城。樺沢城に籠城していた関東軍は、関東小田原城に逃げ帰ってしまった。そのため御館は3月17日、景勝軍の猛攻撃を受けて落城。景虎は小田原城へ逃亡の途中、3月24日、鮫ケ尾城（妙高市）で自刃した。

龍澤寺に、天正5年7月晦日付上杉謙信朱印状、景勝の母仙桃院寄進の文殊菩薩《ぼさつ》像（あやの文殊）が、境内に「上杉景勝公生誕之地」の碑、樺沢城跡麓には仙桃院のお花畑跡がある。

（2013年8月13日）

47 大石館跡

景勝の下で活躍し賜る

大石館跡は、魚沼市大字大石字栗山に位置する。大石播磨守居館跡ともいわれている。上越線越後堀之内駅の東南約1キロ。大石集落の東端にあり、十二神社が鎮座する。

館跡は東西110メートル、南北80〜160メートル、平坦地となっている。南端に土塁を構築した跡が遺る。西側に十二神社と空堀がある。東側はツツミ沢となっている。十二神社への参道左側に清水が湧いている。大石播磨守使用の飲料水と伝えられている。

大石播磨守綱元《つなもと》は1552（天文21）年、関東管領上杉憲政に従って越後に入国した。1577（天正5）年12月23日、上杉謙信は上杉軍団81人の動員名簿「上杉家家中名字尽手本」を作成し、明年3月15日を関東出陣の日と決めた。その中に「大石惣介」が登場する。惣介とは綱元の兄芳綱《よしつな》のことである。芳綱は上杉謙信の家臣として、1570（元亀元）年の越相同盟締結の際、謙信の使者として活躍した。

綱元は1578（天正6）年の御館の乱には、上杉景勝に味方して戦った。同年5月22日、景勝から恩賞として大石村（魚沼市大字大石）を与えられた。これにより綱元と大石村との関係が生じたのである。綱元は大石村に居館を構えたが、景勝政権のもとで活躍した。

1579（天正7）年10月20日、武田信玄の六女菊姫が景勝のもとへ嫁いだ際、御輿《おこし》入れの使者を務めたという。

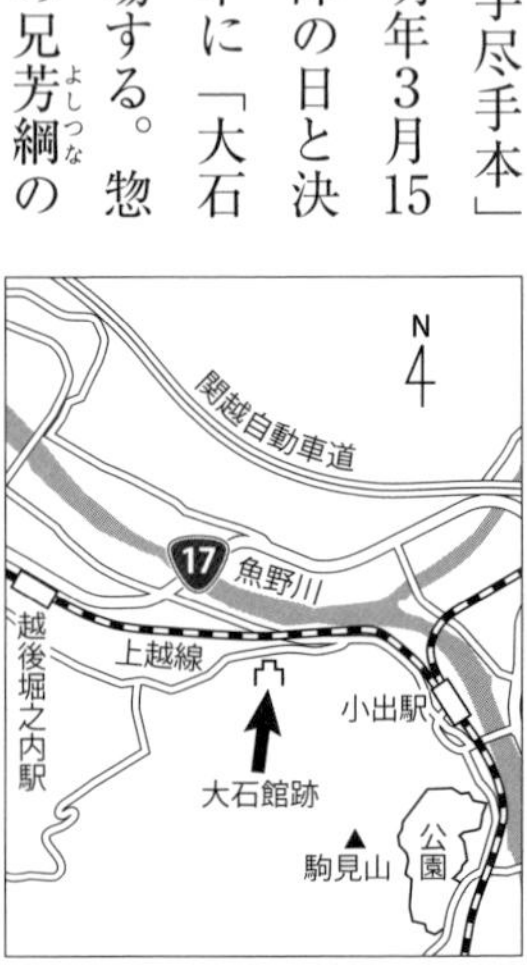

景勝は新発田重家を討伐した翌年の1588（天正

大石播磨守居館跡ともいわれる大石館跡。右奥に十二神社が立つ

16）年1月11日、春日山城で連歌の会を催した。この会に綱元も参加し、「月に見なれぬ袖続く暮」と詠じた。

１５９４（文禄3）年の「文禄三年定納員数目録」に綱元が登場する。綱元は軍役が１２９人半、知行定納高２１５０石9斗1升7合5勺であった。ほかに大石源助、大石孫四郎の名前も見える。

ところが綱元は１５９８（慶長3）年、景勝の会津移封に従い、保原城（福島県伊達市保原町）５５００石の城代となった。そのとき綱元は一人の娘を大石村の中村氏に嫁がせたとも伝えられている。

大石字栗山の曹洞宗地福山天宗《てんそう》寺の開基は大石播磨守綱元である。開山は堀之内の普賢寺の3世益勝である。綱元は景勝の奉行職として活躍し、１６０１（慶長6）年1月12日、会津で死去した。

（２０１６年11月8日）

48 下倉山城跡

関ケ原の合戦後 廃城に

下倉山城跡は魚沼市下倉に位置する標高225メートルの堅固な山城で、県の史跡に指定されている。魚野川と破間川《あぶるま》との合流地点の北岸に位置する。

下倉集落から登る道が大手道である。急峻な山道を登りきると、門跡と井戸のある曲輪に至る。井戸は幅1メートル、深さ2メートル、現在も使用できるほど澄んだ水が湧き出ている。

さらに五社権現跡から数段の曲輪を上ると「天上之台」に至る。麓から約20分。ここ一帯は箕之輪、実城之平、実城之井戸（第2の井戸）と呼ばれているところである。実城之井戸は幅3メートル、深さ1・5メートルの竪井戸で、今日も水をたたえている。

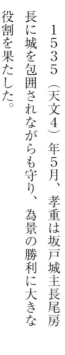

坂戸城（南魚沼市）の城主長尾氏が越後平野への出口の守備として築城したのであろう。1533（天文2）年、守護上杉定実が守護代長尾為景打倒の兵を挙げた際、福王寺孝重は長尾為景方として、この城を守った。

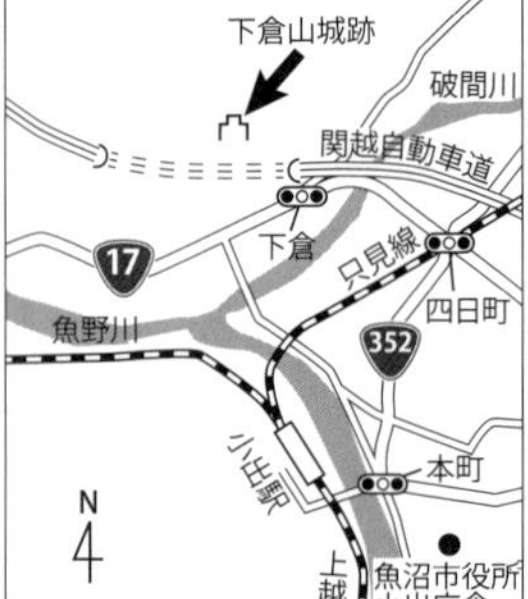

1535（天文4）年5月、孝重は坂戸城主長尾房長に城を包囲されながらも守り、為景の勝利に大きな役割を果たした。

1598（慶長3）年、上杉景勝に代わって春日山城主となった堀秀治は、下倉山城に小倉主膳正政凞《まさひろ》、村上城に村上頼勝、新発田城に溝口秀勝、三条城に堀直政、蔵王堂城に堀親長、栃尾城に神子田政友、坂戸城に堀直竒、渡部城に柴田勝全などを配置した。

1600（慶長5）年5月、会津の上杉景勝は豊臣

魚野川から望む下倉山城跡

方の石田三成と連携し、徳川家康方となった堀秀治討伐のため、六十里越・八十里越から越後に侵入した。これは関ケ原の合戦の前哨戦といわれているもので、上杉遺民一揆または越後一揆ともいう。これに呼応して、堀家の支配に不満を持つ上杉牢人、地侍、真言宗寺院、神主などの旧上杉氏勢力が一揆軍に加わった。

同年8月1日、一揆軍は下倉山城を攻め、城主小倉主膳正を討ち死にさせたが、翌2日には坂戸城主堀直竒軍に奪い返された。以後、9月中旬までの約1カ月半、一揆軍は上条城（柏崎市）、赤田城（刈羽郡刈羽村）、蔵王堂城（長岡市）、三条城（三条市）などを攻めた。

9月15日、関ケ原の合戦で東軍（徳川家康）が勝つと、一揆軍は戦闘能力を失い解散した。この後、下倉山城は廃城となった。

（2013年7月23日）

49 俎板平城跡

室町期多功氏の本拠地

俎板平《まないたびら》城跡は、別名を根小屋城ともいい、魚沼市根小屋字要害に位置する標高２５０メートルの山城だ。ＪＲ上越線越後堀之内駅から１・７キロ。曹洞宗永林寺の右脇から関越自動車道の下をくぐって30分ほど登る。

主郭（通称・本丸跡）は幅30メートル、長さ32メートル。中央には「根小屋城址」「忠魂碑」の石碑と、幅２メートル、長さ17メートル、高さ２メートルの土塁がある。

本丸跡の西下は八幡《はちまん》屋敷跡と呼ばれ、削平地が階段状に構築されている。ここには疱瘡《ほうそう》神、井戸跡、八幡屋敷跡があり、通称「古城《こじょう》」に続く。ここの付近には「牢《ろう》屋敷」「要害沢」と呼ばれているところがある。ここを下ると、関越自動車道に至る。

城跡からは徳利、茶臼、粉引臼《ひきうす》、陶磁器などが出土したという。

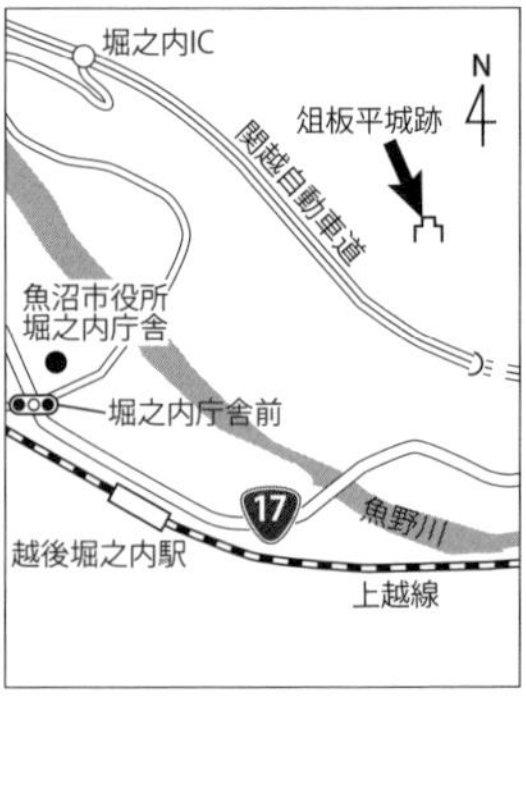

南北朝の動乱時代、足利尊氏のいとこの上杉憲顕が越後守護として入国し、南朝方と戦っていた。やがて観応《かんのう》の擾乱《じょうらん》で、憲顕が足利直義に味方すると、１３５１（観応２、正平６）年、尊氏は憲顕を解任し、下野《しもつけ》守護の宇都宮氏綱を越後守護に任じた。氏綱は重臣芳賀禅可《はがぜんか》に越後支配を任せた。そこで禅可の子高貞・高家が越後に入国し、南朝方の討伐にあたった。その際、多功《たこう》城（栃木県上三川町）の城主、多功の一族が芳賀の家臣として、越後に入った。

１３５２（文和元、正平７）年8月3日、多功は南朝方の風間信濃守らと蔵王堂城（長岡市）で戦い、ついで5日、大面荘（三条市）で戦ったが、敗れた。多功が越後の歴史に初めて登場したのである。

標高250メートルの山城があった俎板平城跡

越後に入った多功は俎板平城を本拠地に、足利尊氏方として活躍した。根小屋に宇都宮神社が鎮座している。越後堀之内駅から1・3キロ。多功が氏神を祭ったのである。祭神は事代主命だ。

1363（貞治2、正平18）年3月24日、上杉憲顕は鎌倉公方足利基氏《もとうじ》（尊氏の子）の推挙で再び関東管領職となり、上野・越後の守護職に復帰した。このとき多功は憲顕の支配下に入り、越後に定住することになったのである。

後、1578（天正6）年の御館の乱の際、多功は上杉景虎方となった。1580（天正8）年5月、多功肥後守の立て籠もる俎板平城は上杉景勝軍によって落城し、多功肥後守の家系は滅亡した。しかし一族の多功豊後守は、景勝に従って会津（福島県）へ、次いで米沢城（米沢市）に移った。

城下の永林寺（根小屋）は1496（明応5）年、多功肥後守によって建立されたという。

（2016年8月9日）

50 桝形城跡

眺望抜群　市民憩いの場

桝形城跡は長岡市飯塚に位置する標高299メートルの半独立峰に築かれた山城である。

信越本線越後岩塚駅下車、県道高鳥来迎線から舗装道路を上る。間もなく二の丸跡下駐車場に至る。ここには公衆トイレもある。車から降り、5分少々登ると本丸跡にたどり着く。

本丸跡からは眼下に越後平野、長岡市街地、日本海、遠くには米山、弥彦山などが眺望できる景勝の地である。

本丸跡は東西15メートル、南北80メートルで広い。ここに枡形山神社（石祠）と、1919（大正8）年升形城址保存会建立の石碑がある。城山は整備され、城址公園として市民の憩いの場として親しまれている。

山頂を中心に二の丸跡東西66メートル、南北33メートルの曲輪や空堀が構築されている。二の丸跡下方の殿様清水は、桝形城の水源で、今日もこんこんと湧き出ている。

城主の甘粕近江守長重（景持）は1561（永禄4）年の第4回川中島の合戦に、上杉軍の殿《しんがり》を務めた勇将として、その名が高い。

9月10日、上杉軍が犀川を渡って善光寺へ退去しようとしたところ、武田軍の激しい追撃を受けた。しかし甘粕近江守は少しも騒がず、殿として隊列を崩さず、整然と全軍を退去させた。このときの甘粕の殿ぶりは実に見事で、謙信と間違えた者が多かったという。

武田軍でさえも「甘数（粕）近江守、近国他国にほめざるはなし、謙信秘蔵の侍大将の（内）、甘数（粕）

桝形城跡の本丸跡に立つ升形城址保存会の石碑

近江守はかしら也」（「甲陽軍鑑」）と称賛した。

1582（天正10）年、上杉景勝の命で三条城（三条市）主となり、1586（天正14）年8月の新発田重家征伐には、景勝軍の鉄砲大将として参陣。新潟・沼垂で敵主将を討ち取った。10月29日、景勝は甘粕の戦功を褒めた。

1594（文禄3）年の「文禄三年定納員数目録」によると、甘粕は三条衆として知行定納高1717石4斗6升であった。1598（慶長3）年、景勝に従って会津（福島県）へ。1601（慶長6）年、米沢城に移った。1604（慶長9）年6月26日死去。

春日山城跡に「甘粕近江守宅阯」の碑があり、米沢市上杉博物館（山形県）に甘粕近江守の旗指物㊄が所蔵されている。位牌は米沢市の天正寺に、墓は同市の栄松寺にある。

（2013年9月10日）

51 長岡城跡

川や芝原を巧みに利用

長岡城は苧引形兜《おびきがたかぶと》城、八文字《はちもんじ》構《がまえ》浮島《うきしま》城ともいい、城跡は長岡市大手通、坂之上町、東坂之上町、城内町を中心に位置する。本丸跡は信越本線長岡駅、二の丸跡はアオーレ長岡となり、城跡の面影はまったくない。ただアオーレ長岡の脇に「長岡城趾」の石碑が立つのみである。

長岡城は信濃川と栖吉川に囲まれ、沼と芝原、砂原、深田を巧みに利用して築城。本丸、二の丸、三の丸はそれぞれ連結した郭で、梯郭《ていかく》式城郭であった。

本丸に藩主の居宅と藩庁、二の丸に食糧倉庫、三の丸には各役所、兵器土蔵があった。本丸の北西隅には三階櫓があった。長岡城には天守閣がなく、この三階櫓はお三階《さんかい》と呼ばれ、天守の役割を果たした。本丸表門の堀の吃《きっ》水《すい》部分だけが石垣で、他は土塁であった。

長岡築城は1605（慶長10）年、蔵王堂城（長岡市西蔵王）の城主堀鶴千代の後見人（執政）堀直寄によって開始した。ところが1610（慶長15）年、直寄が飯山城（長野県飯山市）4万石に移封。代わって松平忠輝の老臣山田隼人正《はやとかみ》勝重が入城し、築城は沙汰やみとなった。

1616（元和2）年、松平忠輝の改易により、堀直寄が再び8万石で長岡に入封し、翌年から築城を再開した。1618（元和4）年、直寄は村上城へ移封。代わって長峰城（上越市吉川区）の城主牧野忠《ただ》成《なり》が入城し、築城を引き継いで長岡城を完成させた。2018（平成30）年には、長岡開府400年を迎える。

アオーレ長岡の一角にある「長岡城趾」の石碑

明治維新まで約250年余り、牧野家の統治が続いた。長岡藩最後の城主は牧野忠訓《ただくに》であった。1868（慶応4）年5月2日、慈眼寺（小千谷市）での長岡藩家老河井継之助と新政府軍監岩村精一郎との会談が決裂。長岡城は落城した。継之助は夜襲作戦で奪還に成功したが、7月29日、再び落城。その際、城郭の建物はほとんど焼失した。継之助は左足に銃弾を受けており、戸板で八十里越を越えて会津へ向かう途中、会津塩沢（福島県只見町）で波乱に満ちた42歳の生涯を閉じた。

長岡藩は戊辰戦争で新政府軍に敗北したため、2万4000石に減封。財政は極度に窮乏した。窮状を見かねた支藩三根山藩（新潟市西蒲区巻）は見舞いとして、米百俵を送った。藩士たちは分配を要求したが、小林虎三郎は反対を押し切って教育資金にし、国漢学校を建設した。長岡の将来を米百俵にかけた。その見識の高さがうかがわれる。山本有三の「米百俵」で、広く知られている。

（2017年2月14日）

52 蔵王堂城跡

上杉氏　越後統治の要に

蔵王堂城跡は長岡市西蔵王3丁目に位置する平城で、長岡市の史跡に指定されている。信越本線長岡駅北方2キロ、金峰神社の脇にある。

今日、本丸跡の北側と南側に高い土塁が、東側と北側の一部に幅約17メートルの堀が遺っている。本丸跡に天台宗安禅寺が、二の丸跡に金峰神社が鎮座する。周囲は住宅化し、城跡の大部分が破壊されてしまった。本丸跡土塁上に「蔵王城趾」の石碑が、本丸跡に堀直寄の銅像がある。

1352（文和元）年8月3日、足利尊氏方に寝返った池永久らはこの日、蔵王堂城を攻撃した。しかし敗れて大面荘（三条市大面）へ後退したが、南朝方の風間信濃守、同長頼、村山義盛などの追撃を受けて敗退した。

池永久は三条市から五十嵐川一帯にかけて勢力を持っていた豪族であった。永久は風間信濃守、大井田氏経らと新田義貞に従軍し、数々の戦功を立てた。義貞の戦死後も越後南朝軍として活躍したが、このとき（文和元年）、足利尊氏方となった。

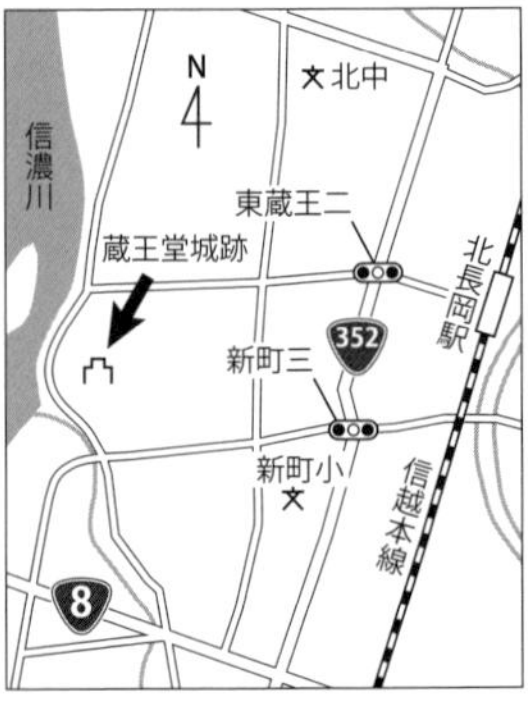

翌1353年（文和2）、足利方の和田義成・景茂父子らは乙面《おとも》（出雲崎町）などで宗良《むねよし》親王、新田義宗らの南朝軍を撃退し、11月13日、蔵王堂城に入った。

1355（文和4）年4月7日には大島荘平方原で宗良親王軍と戦った。蔵王堂城が中越地方の要地に位置していたため、守護上杉氏は守護代長尾氏の一族豊前守景春を配し、越後統治の要とした。古志長尾氏の祖である。

周囲の一部に堀が残っている本丸跡

上杉謙信死後に起こった御館の乱の際、古志長尾氏は上杉景虎方となり滅亡した。そののち上杉景勝方の蔵王堂衆が入城した。1596（文禄5）年ごろ、丸田俊次が入った。

1598（慶長3）年、景勝が会津へ移り、代わって春日山城に入った堀秀治は弟親良《ちかよし》を4万石で入れた。1610（慶長15）年、松平忠輝の臣山田隼人正勝重が入った。1616（元和2）年には堀直寄が入城し、長岡築城を開始した。元和4年、牧野忠成は蔵王堂城を廃し、長岡城に移った。

金峰神社は西蔵王3丁目に鎮座。蔵王権現と称していたが、1871（明治4）年の神仏分離令により、現在の社名となった。山岳神をまつった修験道の守護神である。神社には流鏑馬《やぶさめ》神事と王神祭神事が伝えられている。

（2014年10月28日）

53 栖吉城跡

空堀や土塁　堅固な山城

栖吉城跡は別名を栖吉鎧山《よろいやま》城と呼ばれ、長岡市栖吉町に位置する標高328メートルの堅固な山城で、県の史跡に指定されている。信越本線長岡駅で下車。栖吉町の栖吉神社の脇から整備された大手道を登ること40分、本丸跡に至る。普済寺の前から比較的緩やかなハイキングコースを登る道もある。約1時間近くかかる。

本丸跡からは、悠久山公園から長岡市街、与板城跡、桝形城跡、小木城跡、黒滝城跡などが眺望できる。本丸跡は東西55メートル、南北35メートルで広い。中央に「栖吉城本丸跡」の木柱と石祠がある。東南西下に幅4メートル前後の空堀が構築されている。

本丸跡南西下空堀を隔てて二の丸跡が、さらに空堀を隔てて一部土塁を持つ三の丸跡がある。本丸跡東南方に古城と呼ばれている詰《つめ》の城（姫の城）がある。

城山の要所に空堀、土塁、畝形阻塞、馬場、虎口、桝形などを巧みに設け、守りを固めた。城主の館は普済寺付近の小字「館ノ城」にあった。今日、水田となり、館跡の面影はない。

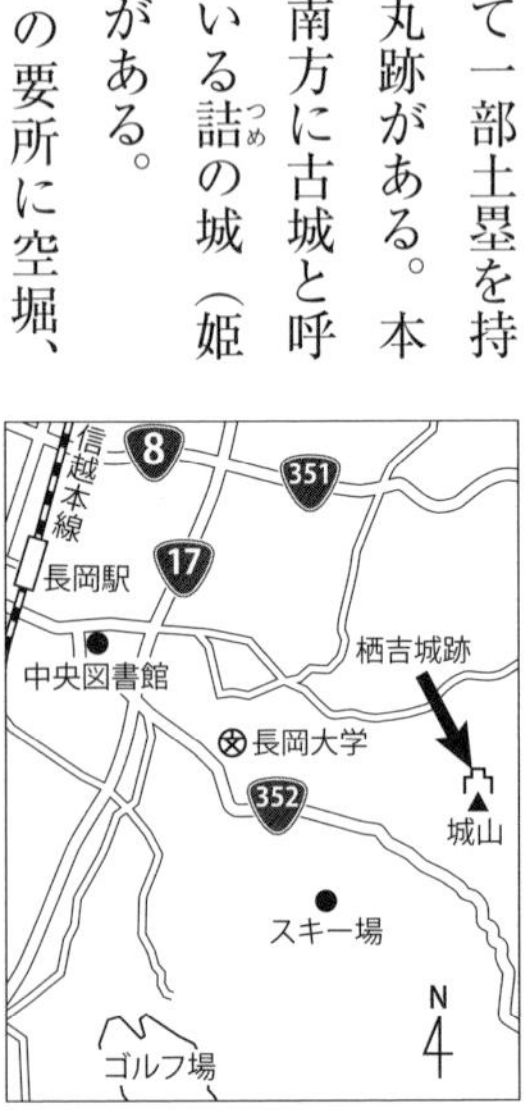

栖吉城は上杉謙信の母虎御前の実家古志長尾家の居城であった。南北朝の動乱時代（14世紀中頃）、越後守護上杉憲顕に従って越後に入った長尾景恒の子景春を祖とする。

景春は蔵王堂城（長岡市）を根拠地に古志郡を領した。1492（明応元）年、栖吉城に本拠を移して栖吉長尾氏を称し、裃《しと》脱《ぬぎ》荘（長岡市）を支配した。

上杉謙信時代、栖吉衆は謙信の側近として大きな役

栖吉城本丸跡に立つ木柱と石祠

割を果たした。1559（永禄2）年、謙信が第2回上洛から帰国すると、諸将は太刀を贈って祝賀した。そのときの名簿「侍衆御太刀之次第」に栖吉城主長尾景信は「直太刀之衆」（長尾一門）として名を連ねている。

1575（天正3）年の「上杉家軍役帳」によると、景信は「十郎殿」と敬称で呼ばれ、長尾一門として鑓54丁、手明（兵士）10人、鉄砲4丁、大小旗5本、馬上（騎馬兵）8騎の81人の軍役を負担した。

1577（天正5）年の上杉軍団動員名簿「上杉家家中名字尽手本」に景信は「上杉十郎」として記されている。

翌1578（天正6）年、謙信死去後に起こった御館の乱で景信は上杉景虎に味方し、6月19日、居多ケ浜の戦い（上越市）で敗死、栖吉長尾家は滅亡した。1598（慶長3）年、栖吉城は上杉景勝の会津移封により廃城となった。

（2014年6月10日）

54 栃尾城跡

15歳謙信、見事初陣飾る

栃尾城跡は長岡市大野に位置する標高２２７メートルの堅固な山城で、県の史跡に指定されている。若き日の長尾景虎（上杉謙信）旗揚げの城として知られている。

西谷川にかかる大布橋を渡り、栃尾消防署、諏訪神社を通って上ること30分。本丸跡からの眺望は素晴らしく、県の景勝百選に選ばれている。遊歩道が整備され、歴史ファンがたくさん訪れている。

本丸跡は幅10メートル、長さ55メートルで、中央に祠がある。栃尾盆地全体と周辺の山々が手に取るように分かる。本丸跡裏側には野面積石垣が鉢巻き状に巡らされている。狼煙台、千人溜《だまり》、馬場、馬つなぎ場、井戸など戦国末期の遺構がよく遺り、貴重な遺跡である。

城主と家臣団の館は、東南麓の大野集落にあった。いまは住宅や畑となり、わずかに館屋敷、佐々木屋敷、お馬井戸などの地名が、その名残をとどめているにすぎない。

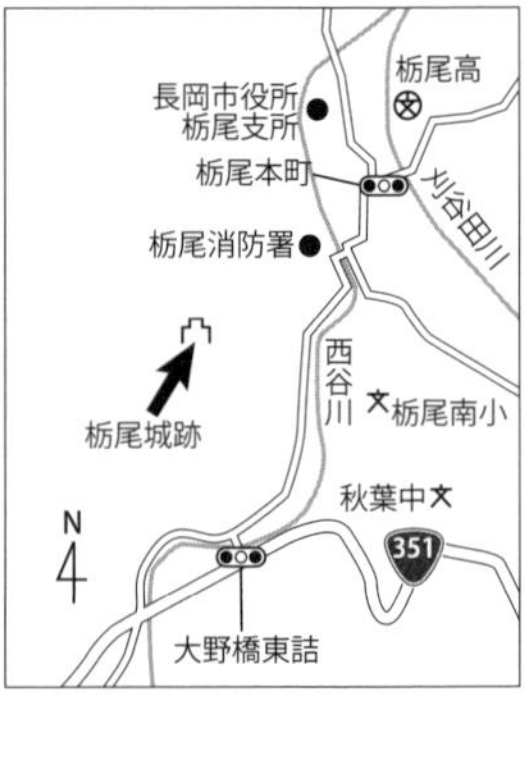

南北朝の動乱時代（14世紀中頃）、下野国（栃木県）の武将芳賀禅可が足利尊氏の命で、一時、ここに立て籠もったと伝える。室町時代には、古志長尾氏の家臣が在番した。

１５４３（天文12）年、14歳の謙信は兄晴景を助けるため、敵の群がる栃尾城に入城。雪が消えると、近隣の豪族たちが謙信を若輩と侮り、方々から攻撃を仕掛けてきた。15歳の謙信は、城代本庄実乃らの補佐で見事に敵を撃退し、初陣を飾った。やがて謙信の人望が高まり、１５４８（天文17）年12月30日、19歳のと

戦国末期の遺構が残る栃尾城跡

き栃尾城から春日山城に入り、守護代長尾家を相続した。

謙信亡き後に起こった1578（天正6）年の御館の乱の際、本庄秀綱は上杉景虎に味方して上杉景勝に抵抗。1580（天正8）年4月、景勝軍の猛攻撃を受けて落城した。

1598（慶長3）年、春日山城主堀秀治の臣神子《みこ》田《た》政友が1万石で入城。1610（慶長15）年、堀氏の没落とともに廃城となった。

城下の秋葉公園には秋葉三尺坊威徳大権現をお祭りした秋葉神社、僧形上杉謙信銅像と門察和尚の墓、謙信建立の常安寺などがある。常安寺には県文化財に指定されている謙信筆の「五言対句」と「絹本著色上杉謙信並二臣像」が所蔵されている（現在、県立歴史博物館に寄託）。

（2013年4月23日）

55 本与板城跡

眼下に信濃川　交通の要

本与板城跡は長岡市与板町本与板、本与板集落の背後に位置する標高80メートルの山城で、県の史跡に指定されている。通称城山《じょうやま》といい、与板城（県史跡、長岡市与板町与板）築城以前に建てられている。

本与板城跡駐車場、本与板城跡登り口から山道を登る。途中、「実城まで１００メートル」「実城まで40メートル」の看板がある。駐車場から遊歩道を登ること15分で本丸跡に至る。

本丸跡からは眼下に信濃川、中郡《なかごおり》（中越地方）が一望できる。実城（本丸跡）から西に延びる尾根に二の郭、三の郭を一列に配し、土塁と空堀で防備を固めた。戦国期遺構が随所に見られる貴重な遺跡である。

山麓光西寺前駐車場に、ＮＨＫ大河ドラマ「天地人」の著者火坂雅志氏揮毫の「お船の方生誕御館跡」の石碑が立っている。

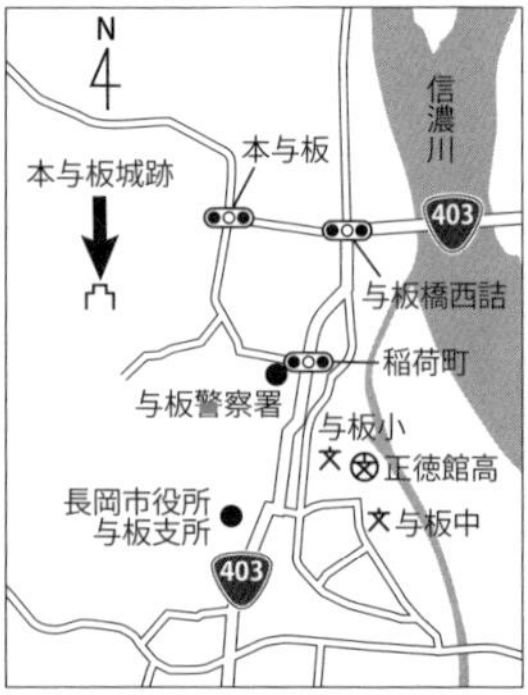

伝承によると、１３３４～１３３６（建武）年間に新田義貞の一族籠《こもり》沢《ざわ》入道が、この城を築いたという。１４８３（文明15）年、守護上杉房定の重臣飯沼定頼が居城とした。ところが１５１４（永正11）年1月26日、永正の乱で飯沼頼清が守護代長尾為景に抵抗して敗れ、没落した。

１５４６（天文15）年ごろ、直江実綱（景綱）が居城とした。ここは信濃川の水陸交通の要衝であったため、守護代長尾氏の命で直江氏がこの地を管理することになったのであろう。

実綱は長尾為景、晴景、景虎（上杉謙信）の３代に仕え、奉行職を務めた。１５５９（永禄２）年10月28

戦国期の遺構が随所に見られる本与板城跡

日の「侍衆御太刀之次第」に実綱は旗本、譜代として名前を連ねている。

1575（天正3）年2月16日の「上杉家軍役帳」によると、実綱はいざ出陣の際、鑓200丁、手明（兵士）30人、鉄砲20丁、大小旗20本、馬上（騎馬兵）35騎の305人の軍役を負担した。その軍役は山吉豊守、上杉景勝に次ぐ上杉軍団第3位であった。

1577（天正5）年12月23日、謙信が家臣80人余を記した上杉軍団動員の名簿「上杉家家中名字尽手本」に実綱の名前が見える。

実綱の死後、お船の方の婿となっていた信綱が直江家を相続したが、1581（天正9）年9月1日、春日山城中で殺害された。その後、上杉景勝の命で樋口兼続がお船の方の後添えの夫として直江家を継いだ。兼続は本与板城の南2キロに与板城を築き、移ったといわれている。とはいえ、本与板城はそのまま与板城の一城としての役割を持った。

（2014年1月14日）

56 与板城跡

直江氏3代居を構える

与板城跡は、上杉謙信と景勝の重臣直江実綱・信綱・兼続3代の居城である。長岡市与板町与板に位置する標高１０４メートルの山城で、通称は城山《じょうやま》。山麓の八坂神社から本丸跡まで遊歩道が整備されている。２００９（平成21）年のＮＨＫ大河ドラマ「天地人」以降、ここを訪れる観光客が多い。県の史跡に指定されている。

中腹の「お船《せん》清水」は、中越地震後、渇水している。兼続の妻お船の名前を付けたものである。

本丸跡には城山稲荷神社、直江兼続自筆書状「所望事信一字」を刻んだ碑、海音寺潮五郎筆「直江山城守旧城址本丸」の碑、「直江山城守三百年記念」の碑が立っている。

城山には規模の大きな郭・空堀・土塁など戦国期の遺構が見られる。本丸跡から南に二の丸跡・三の丸跡・千人溜へと続く。本丸跡から北へ下る道が大手道で、山麓西の谷に城主の館があったという。館《たて》ノ御《ご》廊《ろう》、備後《びんご》小路、弥之《やの》小路、竹之《たけの》小路などの地名が城下町の名残をとどめている。

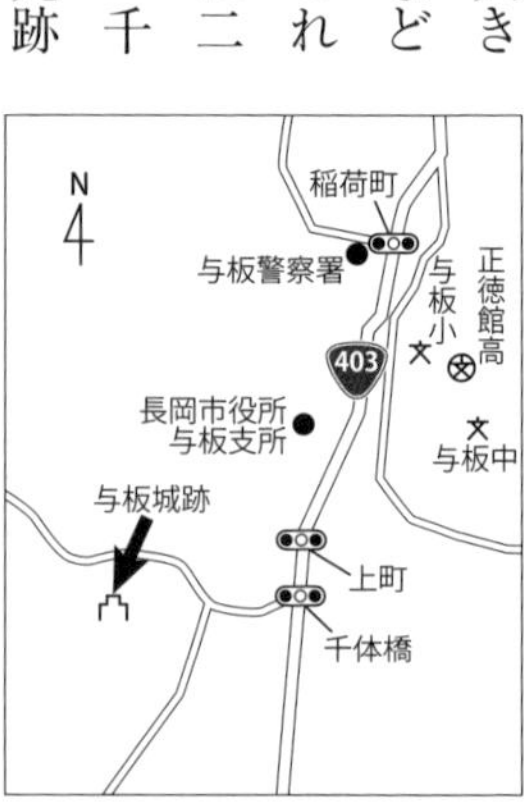

直江氏は直江の津（上越市）の代官であったが、与板に移り、信濃川の水運を管理したのであろう。実綱は謙信政権の下で行政機構の中枢を担い、奉行職として活躍した。１５７５（天正３）年の「上杉家軍役帳」によると、出陣の際、上杉軍団第3位の３０５人の軍役を負担した。

男子のなかった実綱は娘お船の方の婿に上野国総社長尾顕景の子信綱を迎えた。ところが１５８１（天正

本丸跡に立つ石碑

9）年9月1日、春日山城中で御館の乱の論功行賞のもつれから殺害された。

景勝は直江家の断絶を惜しみ、樋口兼豊の子兼続に直江家を継がせた。時に兼続22歳、お船の方25歳。兼続は景勝の家老として上杉家を安泰に導いた。知将、経営家、軍師で豊臣秀吉をして「天下の政治を安心して預けられるのは、兼続など数人にすぎない」と言わせた。

1594（文禄3）年の「文禄三年定納員数目録」に、与板衆121人が記されている。1598（慶長3）年、景勝の会津移封の際、兼続も米沢城に入った。直江家の菩提寺は与板城下の徳昌寺で、兼続の銅像は与板歴史民俗資料館前にある。

（2013年4月9日）

57 与板藩城館跡

井伊家築城、幕末に焼失

与板藩城館跡は井伊氏与板城跡ともいい、長岡市与板町与板の長《なが》丁に位置する。現在は与板ふれあい交流センターとなっており、当時を物語るものは「与板藩城館跡」の碑と、門の中に「与板城跡」の石碑があるのみである。

信越本線長岡駅から越後交通バスで北新町バス停下車、徒歩5分。本丸跡は井伊神社下で、藩主の居所があった。二の丸跡は長丁から下《しも》丁にかけて、三の丸跡にあたる所は泉丁、馬場丁で、侍屋敷があった。

与板は戦国時代、上杉謙信の重臣直江家3代実綱（景綱）、信綱、兼続の城下町であった。城跡は与板町与板に位置する標高１０４メートルの山城。１５９８（慶長3）年、上杉景勝の会津移封で直江兼続も米沢城に移り、廃城した。

１６３４（寛永11）年、長岡藩初代藩主牧野忠成は、次男の康成（武成）に1万石を分知した。ここに与板藩が成立。武成は１６５７（明暦3）年、与板陣屋を築いた。その位置は現在の長岡市役所与板支所付近であった。１７０２（元禄15）年、康重のとき信州小諸城へ転封、牧野家の時代は終わった。

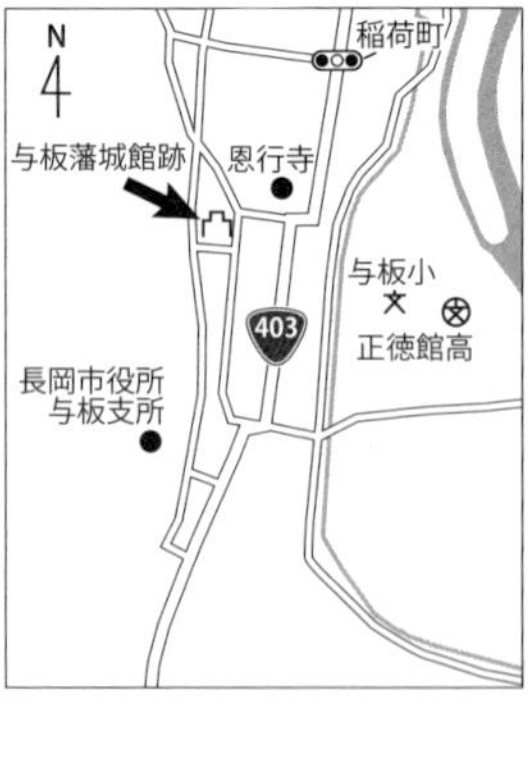

その後、井伊直矩《なおのり》が2万石で遠州掛川城（静岡県掛川市）からこの地に入った。明治維新まで10代（直矩、直陽《なおはる》、直員《なおかず》、直存《なおあり》、直郡《なおくに》、直朗《なおあきら》、直暉《なおてる》、直経《なおつね》、直允《なおあつ》、直安《なおやす》）、１６０年余、続いた。

直矩は近江彦根城（滋賀県彦根市）の城主、井伊家4代直興《なおおき》の三男である。直矩は牧野家の与板陣屋を使用したが、6代直朗のとき、城主格となり、築城を開

与板ふれあい交流センターとなっている与板藩城館跡

始した。7代直暉の1823（文政6）年、与板城が完成した。

1868（慶応4）年の戊辰戦争の際、藩主直安は早々に新政府軍についた彦根藩にならって、いち早く新政府軍に帰順した。奥羽越列藩同盟軍は「勤王の与板藩」を攻撃するため、地蔵堂・大河津から与板に進撃した。与板兵と同盟軍との間で激戦が展開された。

5月28日、戦火で与板城は焼失したが、大手門と切手門などだけは免れた。今は、いずれも与板町与板の本願寺新潟別院に大手門が、恩行《おんぎょう》寺に切手門が移築されている。鬼瓦に井伊家の家紋井桁（井筒）紋が使用されている。

井伊神社は長丁の通称裏山に鎮座。祭神は宇《う》気《け》持命《もちのみこと》と井伊家祖霊。稲荷神社として勧請。1845（弘化2）年、現在地に建ち、1880（明治13）年に井伊神社と改称した。

（2017年1月10日）

58 村岡城跡

北国街道望む要衝の地

村岡城跡は長岡市村田、越後線妙法寺駅北西1キロ、日蓮宗越後本山妙法寺の裏山に位置。標高79・4メートル。妙法寺本堂左側から整備された山道を登ること20分。山王台と称している本丸跡に至る。

本丸跡に「村岡城址」の石碑がある。ここは日本海と北国街道を眼下に眺望できる要衝の地である。妙見山に二の丸を、谷を隔てた南方の廟山《びょうざん》を出丸とし、それぞれ曲輪・空堀が構築されている。本丸跡西方に六万部と称している直径20メートル、高さ6メートルの墳墓がある。墳頂には五輪塔がまつられている。

村岡城主村岡三郎の兄が直峰城（上越市安塚区）主風間信濃守信昭である。風間は鎌倉時代、鎌倉勤番の際、那瀬の日昭上人に師事し、日蓮宗に帰依した。日昭上人から「昭」の一字を賜り、信昭としたといわれている。帰国後、村岡城を築いて弟三郎に守らせ、妙法寺を創建して開基となった。

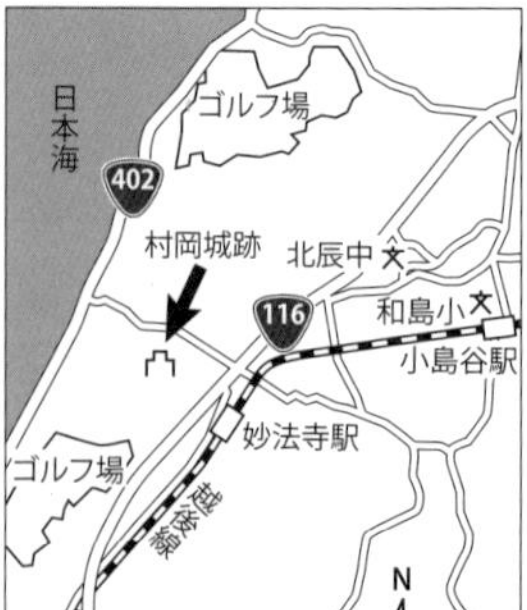

村岡三郎は兄風間とともに新田義貞の軍事下に属し、越後南朝軍として各地で北朝方の足利尊氏軍と戦った。

1336（建武3）年2月、風間、荻（小木）、河内為氏、池永久らは島崎城（長岡市島崎）に立て籠もり、足利尊氏方の色部高長、加地景綱らと戦ったが敗れた。この際、村岡三郎も兄風間と行動を共にしたことであろう。

翌1337（建武4）年4月16日、風間らは水科・水吉（上越市三和区）で足利方信濃の高梨経頼軍と戦

本丸跡に立てられた「村岡城址」の石碑

い敗れた。高梨軍は富倉峠・関田峠から上越地方に侵攻してきたのである。

１３５２（文和元）年閏2月28日、風間、村岡三郎、大井田氏経らは後醍醐天皇の皇子宗良親王に従軍したが、小手指原（埼玉県所沢市）・入間河原（狭山市）・高麗原（日高市）の戦いで敗れ、帰国した。この戦いの後、越後南朝軍は劣勢となり、村岡三郎は登場しない。

妙法寺は１３２３（元亨３）年、風間信濃守によって創建されたという。寺には宗良親王と風間信濃守の位牌が、境内には風間信濃守の廟がある。

妙法寺入り口に治暦《ちりゃく》寺がある。墓地に風間信濃守信昭の墓と風間信濃守顕彰碑がある。蓮念寺（長岡市東保内）は村岡三郎の菩提寺で、１３８５（至徳２）年創立と伝える。同寺には開山日陽上人が１３６７（貞治６）年9月7日、三郎の妻妙蓮尼に授けた曼荼羅《まんだら》があり、墓地には村岡三郎夫妻の墓がある。

（２０１５年11月10日）

59 夏戸城跡

沢と深田生かした城郭

夏戸城跡は長岡市寺泊夏戸に位置する標高67メートルの山城で、長岡市指定史跡。越後線桐原駅下車、夏戸の館《たて》小路から急な大手道を登ること約10分で本丸跡に至る。遊歩道はよく整備されている。本光寺から馬道、大堀切、武者だまりを経て登る穏やかな道もある。

本丸跡は縦17メートル、横40メートルの平坦地で、「夏戸城跡」の木柱と案内板がある。ここには四ツ塚と土塁が見られる。下ノ城、櫓台、土橋を経て15分ほどで詰ノ丸《つめのまる》に至る。ここは「要害」とも呼ばれている。

夏戸城は馬蹄《ばてい》形の尾根を利用して郭、空堀、土塁、虎口などを築き、複雑に入り組んだ沢と深田を巧みに利用した戦国期城郭である。

城下の夏戸集落には館小路、上町、中町、下町、横町などの城下町を物語る地名や通称が残っている。旧夏戸小学校はトキと自然の学習館、トキ分散飼育地となっている。

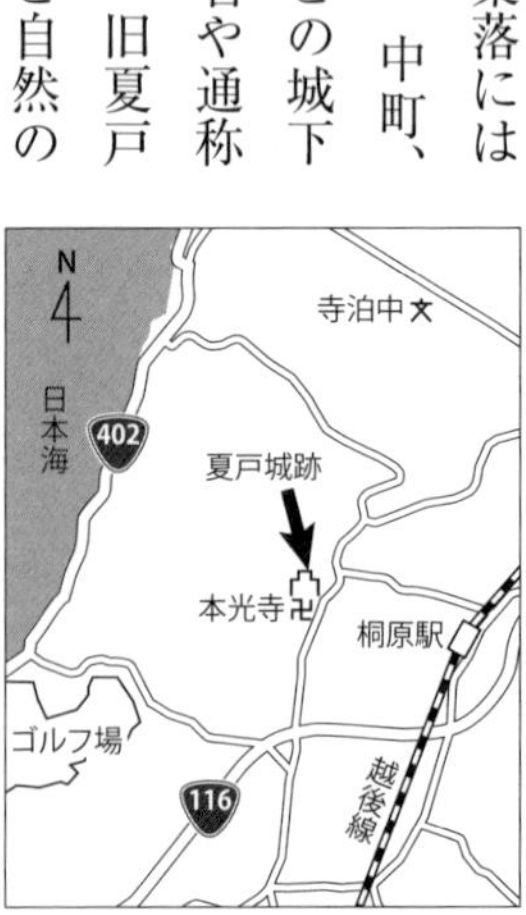

夏戸城は越後守護上杉氏の家臣志駄氏の居城であった。志駄氏は清和源氏の子孫、源為義の子義憲（広＝源頼朝の叔父＝を祖とし、常陸国志駄郡に住し志駄氏を称した。後、上杉氏に従って入国し、夏戸城主となった。

1415（応永22）年、志駄定重が弥彦神社に備前国長船家盛《おさふねいえもり》作の大太刀（国重要文化財）を奉納した。長さ220・4センチ、反り9・4センチ。当時、定重が戦場でこの大太刀を抜くと、「大太刀現はるるや敵戦はずして四散す」（集古十種耽奇漫録）といわれたという。

地元保存会が設置した夏戸城跡の大手門

１４９７「（明応６）年12月21日、志駄景義は家督と所領西古志郡吉竹、夏戸、北曽祢（長岡市寺泊）、夷守郷《ひだもりごう》三分一（上越市頸城区）を子春義に譲った。

１５１０（永正７）年６月６日、志駄源四郎は守護代長尾為景（上杉謙信の父）に味方し、関東から侵攻してきた関東管領上杉顕定軍と渡部城（燕市）で戦い、撃破した。

１５６１（永禄４）年の第４回川中島の合戦の際、志駄義時が討死したので、２歳の義秀が家督を相続した。１５９４（文禄３）年の「文禄三年定納員数目録」によると、義秀は直江兼続家臣団の与板衆（長岡市与板）であった。義秀の母は直江景綱の娘である。

１５９８（慶長３）年、上杉景勝の会津移封に従い、義秀は酒田城（山形県酒田市）５１００石の城代となった。以後、夏戸城は廃城となったと思われる。

（２０１４年５月27日）

60 小木城跡

目立つ山容　船の目印に

小木城跡は出雲崎町大字相田に位置する標高３４５メートルの山城で、町の史跡に指定されている。越後線小木ノ城駅下車、山頂付近まで舗装道路を車で行ける。目立つ山容を呈していて、海上船舶が位置を確認する際の目印になったと伝えられている。また繋《つな》ぎの城（狼煙連絡）として重要な役割を果たしたことであろう。

山頂には「小木城跡」「吊故城守烈士霊」の石碑がある。本丸跡と二の丸跡にＮＴＴ無線中継塔が建設され、遺構は破壊されてしまった。ここの西下方に御殿上、千貫門、大門などの地名や通称がある。

館は北麓の小木集落にあったと思われる。館、蔵屋敷、古屋敷、鍛冶屋敷、上町、中茶屋、町ノ裏などの地名や通称が残っている。

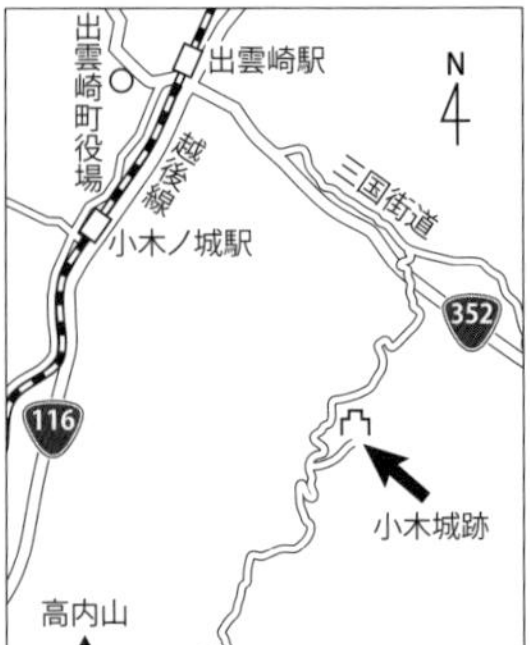

南北朝の動乱時代、南朝方として活躍した荻（小木、於木）氏の居城であったという。１３３５（建武２）年11月19日、後醍醐天皇から足利尊氏、直義兄弟征討の勅命が下った。新田義貞は大将として上将軍尊良親王を奉じて鎌倉に進撃した。

その際、大井田氏経、池永久、小国政光、風間信濃守、荻らは新田軍として参陣した。以後、越後は足利方と新田方とに分かれ、長い抗争を展開することとなった。騒然とした越後情勢の中で、風間信濃守、池、小国、河内、荻らの新田軍は蒲原津（新潟市中央区沼垂町）に築城し、足利軍の猛攻撃に備えた。

同１３３５（建武２）年12月23日には加地景綱、色

山頂に立つ「小木城跡」と「吊故城守烈士霊」の石碑

部高長らと松崎（新潟市東区）で戦った。翌１３３６（建武３）年２月、荻、風間信濃守、池永久らは島崎城（長岡市）に立て籠もり、足利方の加地景綱、色部高長らと戦ったが敗れた。

以後、南朝方の敗北で荻氏の勢力も衰退したと思われる。ところが、１３９０（康応２）年の寛益寺《かんにゃく》（長岡市逆谷）の金剛力士像（県文化財）墨書銘に同像造立の旦那の一人に「於木殿」として登場している。

１５６１（永禄４）の第４回川中島の合戦の際、松本大学忠繁は上杉謙信から「血染めの感状」を賜った。上杉景勝時代の１５９４（文禄３）年に作成された「文禄三年定納員数目録」によると、荻（小木）城主は松本大炊助《おおいのすけ》助義であった。大炊助は１５９８（慶長３）年、景勝の会津移封に従った。以後、廃城となったと思われる。

（２０１４年５月13日）

61 五十嵐館跡

400年勢力を持った豪族

五十嵐館跡は三条市飯田字館之前に位置する館跡で、県の史跡に指定されている。信越本線東三条駅からバスに乗車。下田中学校前バス停で下車し、徒歩10分。下田郷資料館（三条市飯田）の隣。今日、史跡整備がなされ、ゲートボール場になっている。

農地基盤整備のため1972（昭和47）、74、84年の3回にわたり発掘調査が実施された。その結果、東西80メートル、南北100メートルの方形単郭で、周囲に土塁と幅10メートルの堀が巡っていた。付近に馬場、町裏、小路などの地名が残っている。

鎌倉中期から江戸初期にわたる遺物が出土した。館の使用期間を裏付けている。出土した遺物は土器類（青磁、白磁、染付など）、金属類、古銭、木器類、漆器など。その一部は三条市下田郷資料館に展示されている。

鎌倉から戦国時代にかけて、約400年にわたって五十嵐川流域に勢力を持った豪族五十嵐氏の館跡である。

戦時の要害は館跡の北東方300メートル、現在、五十嵐神社（飯田字宮浦）が鎮座する段丘上にあった。土塁、空堀などの戦国期遺構が遺っている。五十嵐神社は五十嵐館の鬼門守護神（社地不祥）であったが、1875（明治8）年、現在地に社殿を改築した。

五十嵐神社は延喜式内社「伊加良志神社」といわれている。豪族五十嵐氏が奉斎していた。祭神は五十日足彦命《いかたらしひこのみこと》である。「日本書紀」によると、第11代垂仁天皇の皇子五十日足彦命がこの地に下向し、農耕

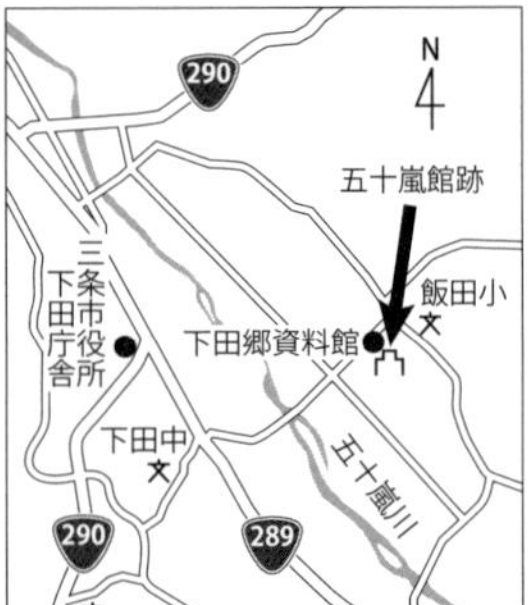

現在はゲートボール場となっている五十嵐館跡

の技術を伝えたという。

五十嵐神社は全国五十嵐氏の発祥の地と考えられ、全国から五十嵐氏が参拝に訪れる。

五十嵐小文治の英雄伝説が伝えられている。小文治吉辰は、笠堀の甚右衛門の一人娘と吉ケ平の雨ケ池の竜神との間に生まれた。後に成長して五十嵐保の支配者となり、その武名は遠く関東にも聞こえたという。

伝説は別としても、鎌倉初期には文献に登場する。１２１３（建保元）年の和田合戦で北条《ほうじょう》方御家人五十嵐小豊治は和田義盛方に討たれた。南北朝時代の１３５２（正平７）閏2月、五十嵐文四、文五は大井田氏経らと新田義宗軍に属し、足利尊氏軍と戦った。以後、しばしば文献にその名が見える。１５７８（天正６）年の御館の乱で上杉景虎に味方したため、五十嵐一族は滅亡し、歴史上から姿を消した。

（２０１４年1月28日）

62 護摩堂城跡

黒鳥伝説での落城悲話

護摩堂城跡は南蒲原郡田上町田上、湯田上温泉郷背後の標高274メートルの山城。信越本線田上駅下車。護摩堂城跡登山口に茶屋みはらし荘と駐車場がある。ここから整備された道を登ること40分。本丸跡に至る。

護摩堂山は3万株のあじさい園として有名。6月下旬から7月上旬が見頃。この山には、かつて真言宗の寺院があり、修験者たちが修行のため護摩をたいたことに由来する。

本丸跡は東西32メートル、南北20メートル、南から東側にかけ、高さ3メートルの土塁が巻いている。ここには「護摩堂城址」の石碑と東屋がある。ここからは蒲原平野、角田山、弥彦山から新潟市まで眺望できる。

平安時代の末期、前九年の役で源義家に敗れた安倍の残党黒鳥兵衛が越後に入り、略奪をほしいままにし、農民を苦しめたという。これが下越地方に伝わる黒鳥伝説である。

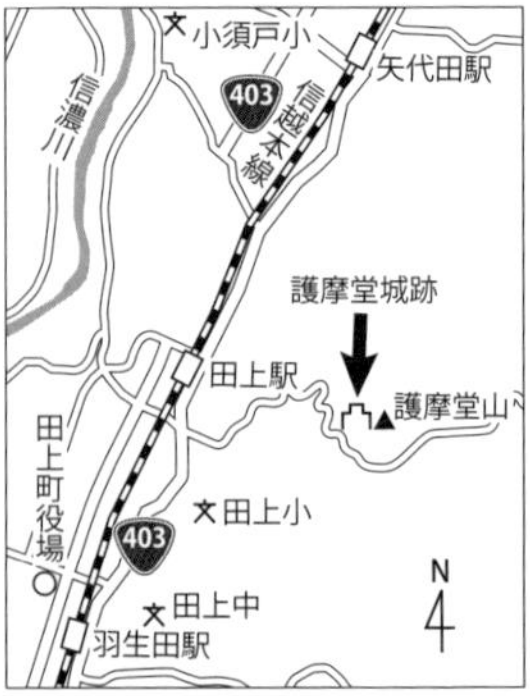

護摩堂城主・羽生田周防守は黒鳥軍に包囲され、水源を占領されて苦戦となった。その際、白米を滝に見せ掛けて流し、水が豊富なことを敵に誇示しようとした。しかし援軍がなく、周防守以下城兵ことごとく城を枕に討ち死にしたという、落城悲話である。

今日、本丸跡北側下の郭から出土する焼け米は、このときの白米と伝える。この話はあくまで伝説で、裏付ける史料はない。羽生田集落の式内社羽生田神社境内が周防守の館跡と伝えられている。

1507（永正4）年、守護上杉房能が守護代長尾

護摩堂山山頂からの眺望

為景に討たれると、兄の関東管領上杉顕定が1509（永正6）年、関東軍を率いて越後に攻め込んだ。敗れた為景は越中へ退き、翌年、佐渡へ渡り、蒲原津に上陸して顕定との決戦に臨んだ。

一方、顕定の進撃も素晴らしく、阿賀野川以南では護摩堂城・三条城以外、ことごとく顕定の支配下に入っていたという。こうして護摩堂城は為景方の拠点として、大きな役割を果たした。

上杉謙信死後に起こった御館の乱が終わると、五泉城（五泉市）主・甘粕景継が護摩堂城主を兼ねた。1598（慶長3）年、上杉景勝の会津移封で景継も同行し、以後廃城となった。

湯田上温泉郷は、かつて護摩堂山で修行した修験者たちが身を癒やすために入浴したのが始まりといわれている。

（2014年12月9日）

63 渡部城跡

戦国期遺構　随所に散見

渡部《わたべ》城跡は扇山城ともいい、燕市大字渡部に位置する標高72メートルの山城で、城山、天神山とも呼ばれている。燕市指定文化財。

上越新幹線燕三条駅下車。大河津分水路左岸、渡部橋を渡り、主要地方道新潟・寺泊線の脇に渡部城跡案内板が立っている。菅原神社の急な参道を登ること15分。

本丸跡に菅原神社の本殿が立つ。その南側は通称「狼煙場」と呼ばれている。本丸跡北下の二の曲輪は東西25メートル、南北30メートルで、拝殿と末社が並ぶ。大河津分水路開削に当たり、1910（明治43）年、ここに遷座した。

神社境内からは黒滝城跡（弥彦村）、弥彦山、小木城跡（出雲崎町）、日本海などが眺望できる。山には曲輪、空堀などの戦国期遺構が随所に見られる。兵庫丸、搦手、切通し、馬洗池、太郎屋敷、元屋敷など、山城を物語る地名や通称が残っている。

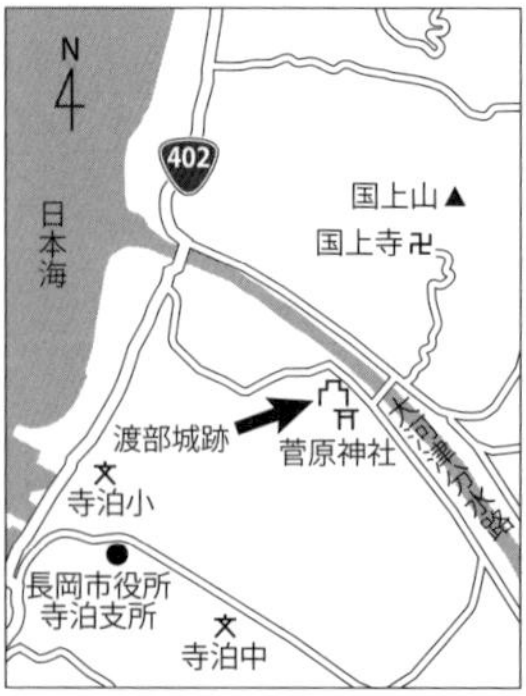

渡部の地は、「延喜式」（927年）に記載の北陸道「渡戸《わたりへ》」駅に比定されている。船2隻が置かれていたことは、佐渡国への渡海拠点であったことを物語っている。

1507（永正4）年、守護代長尾為景が守護上杉房能を討つと、越後は下克上の世を迎えた。1510（永正7）年6月6日、関東から越後に侵攻してきた関東管領上杉顕定軍と長尾為景方の夏戸城（長岡市）主、志駄源四郎が渡部城で戦った。この戦いで為景方

大河津分水路越しに見る渡部城跡

が勝利した。

１５７８（天正６）年3月13日、上杉謙信が死去すると、家督相続をめぐって養子の景勝と景虎とが争った。御館の乱である。３月28日、三条城（三条市）主、神余《かなまり》親綱は「神名を以て拙者私曲なし」（「吉江文書」）と景勝の家臣に弁明書を送っている。

ところが５月28日には神余は栃尾城（長岡市）将、本庄秀綱らとともに景虎方となっていた。翌１５７９（天正７）年10月28日、景勝方の黒滝城将山岸秀能らは神余方が立てこもる渡部城（扇山城）を攻め、撃退した。

１５９８（慶長３）年１月、上杉景勝が会津へ移り、越前北庄城から堀秀治が春日山城に入った。このとき秀治の家臣柴田佐渡守勝全《かつまた》（勝定）が１万３千石で渡部城に入った。柴田勝家の一族と思われる。

１６０４（慶長９）年、勝全は三条城主堀直政と対立し、改易となった。このとき渡部城は廃城になったと思われる。

（２０１４年2月11日）

64 黒滝城跡

景勝の会津移封で廃城

黒滝城跡は西蒲原郡弥彦村にある標高246メートルの山城である。黒滝城址森林公園入り口から県道麓野積線（舗装道路）に入り、黒滝城登山口で下車。ここから登ること10分、本丸跡に至る。

本丸跡は天神曲輪と呼ばれ、石祠と「黒滝城跡」の標柱がある。下方に桜井ノ曲輪、大蓮寺曲輪、鷲沢ノ井戸、桜井ノ井戸などがある。特に大蓮寺曲輪は燕市中島の大蓮寺に関係したもので、樋口与右衛門家の菩提寺、鷲沢ノ井戸は大蓮寺住職鷲沢家ゆかりの井戸である。

南北朝の動乱時代（14世紀中頃）、南朝方の小国政光一族がここを本拠地に、北朝方と抗戦して敗れたという。

1510（永正7）年6月12日の関東管領上杉顕定書状に「黒滝要害之事」とある。顕定方の八条修理亮、桃井一族らが黒滝城を攻略して籠城したが、まもなく守護代長尾為景軍に敗れた。

1545（天文14）年10月、上杉家の老臣黒田和泉守秀忠が上杉謙信の兄景康を殺害して黒滝城に籠城。守護代長尾晴景に抵抗した。春日山城危機の報に謙信は「家国《かこく》の瑕瑾《かきん》」と憂い、討伐に向かった。恐れた秀忠が「僧となり他国へ行くので、生命だけは助けてくれ」と助命嘆願したので許した。

ところが翌1546（天文15）年2月、再び黒滝城に籠城。謙信は守護上杉定実の命で黒滝城へ出撃、黒田一族をことごとく切腹させた。謙信の武名は一段と

「黒滝城跡」と記された標柱と石祠

高まった。後年、「わずかですが、長尾家を再興することができました」と述懐している。

1578（天正6）年、上杉謙信の死後、御館の乱が起こった。城主山岸秀能は一族の山岸光祐、村山慶綱らと上杉景勝に味方し、上杉景虎軍と蒲原平野各地で戦った。黒滝城は西蒲原における景勝軍の拠点であった。

翌7年、景虎が自刃した後も、三条城将・神余親綱らは景勝に抵抗し、黒滝城を攻めた。1580（天正8）年1月、景勝は秀能の救援要請に応じて楠川将綱を送った。続いて越後平定が実現したら、弥彦神社を造営すると報じた。7月、神余が降伏し、御館の乱は終わった。1598（慶長3）年、景勝の会津移封で山岸も同行し、廃城となった。

（2013年6月25日）

65 天神山城跡

温泉街望む堅固な山城

天神山城跡は新潟市西蒲区岩室温泉、温泉街背後の標高２３４メートルの堅固な山城である。越後線岩室駅下車、バスで岩室温泉街へ。車なら岩室神社入り口から舗装道路の岩室金池線を行き、木柱「天神山城址《じょうし》登山口」に至る。ここで車を降り、整備された登山道を登る。物見台、土塁、石垣を経て瓢箪《ひょうたん》池に至る。幅９メートル、長さ28メートルの池は飲料水用、日常用水として利用されたことであろう。この城にとっては大切な水源であった。池に隣接して武者溜まり（三の丸跡）があり、「天神山城址」の石碑が立っている。さらに登ると本丸に至る。登山口から20分、丸子山公園からは徒歩50分。

本丸跡は幅17メートル、長さ45メートル、桝形虎口と土塁が構築されている。中央に「天神山城本丸跡」の石碑がある。眼下に岩室温泉街から新潟市街地、越後平野、松岳山城跡（岩室）などが眺望できる。

１１５３（仁平３）年、源三位頼政の弟頼行が小国保（長岡市）に住み、天神山城を築き、嫡子宗頼を城主にしたと伝える。

小国政光は南北朝の動乱時代、新田義貞に属し、１３３５（建武２）年11月19日、足利尊氏討伐のため鎌倉に下った。以後、政光は越後南朝軍として越後各地を転戦した。

１５８２（天正10）年、小国重頼の養子となって小国家を相続したのは、樋口実頼である。実頼は上杉景勝の家老直江兼続の弟で、１５６２（永禄５）年誕生。幼名与七。但馬守。

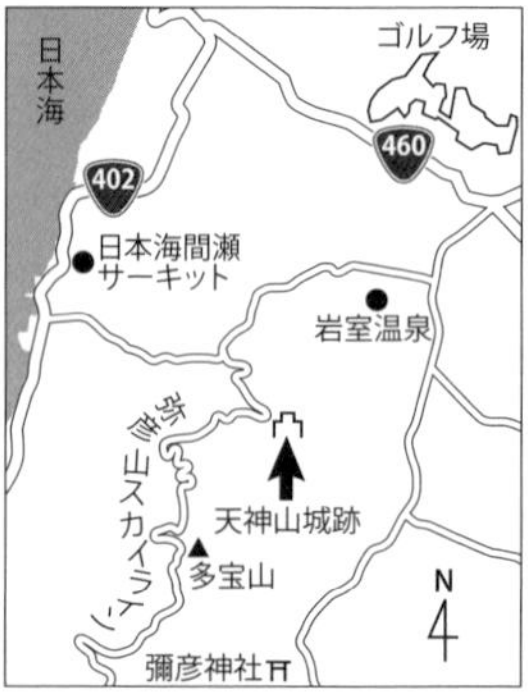

天神山城本丸跡から望む越後平野

　１５８７年（天正15）年、上杉景勝の君命により、「大国」と姓を改めた。同年10月28日、豊臣秀吉の聚楽第《じゅらくのてい》新築の時、上杉家の賀使を務めた。

　１５９４（文禄３）年10月28日、景勝が豊臣秀吉を訪問した際、太刀一腰、小袖10、銀子50枚を献上。同年の「文禄三年定納員数目録」によると、知行定納高９０４１石２斗、軍役５４２人半であった。

　１５９８（慶長３）年、景勝の会津移封の際、鳴山《しぎやま》城（福島県南会津郡会津町）２万１千石の城代となった。１６０１（慶長６）年、高畠城（山形県東置賜郡高畠町）７千石の城代となる。１６２２（元和８）年２月９日死去、61歳。大国家の墓は関興庵（同県米沢市）にある。

（２０１３年10月８日）

66 吉江館跡

上杉政権の中枢を担う

吉江館跡は新潟市南区吉江（旧味方村）にあった館跡。新潟駅南方約19キロ。中ノ口川左岸の自然堤防上の集落。吉江の旧庄屋本多屋敷付近一帯と推定。高念寺の東方約100メートル。ここに一辺80メートルの堀がめぐっていたという。

吉江児童遊園に味方歴史文化研究会が作成した「幻の吉江館」の看板が立っている。味方の旧笹川家住宅（国重要文化財）のような規模であったと思われる。

「よしへ」（吉江）が文献上に登場するのは、1293（正応6）年の馬場屋敷遺跡出土の木簡である。約700年前のこと。

「吉江氏系譜」によると、1491（延徳3）年、奥山荘（胎内市）の中条義周《よしかた》が守護代長尾能景から吉江の地を賜り、吉江氏を称したという。その子景宗も守護代長尾為景から戦功によって1513（永正10）年8月3日、蒲原郡千貫文の地を賜った。

やがて吉江氏は上杉謙信や景勝政権の中枢を担った。景資《かげすけ》は1560（永禄3）年8月25日、謙信から春日山城の留守を命じられた。1562（永禄5）年3月15日、謙信から春日・府内・善光寺門前の警備を厳重にするよう命じられた。

1559（永禄2）年10月28日の「侍衆御太刀之次第」の披露太刀の衆（国人衆・譜代）に「吉江」が名前を連ねている。

1575（天正3）年2月16日の「上杉家軍役帳」によると、吉江佐渡守（信清）はいざ出陣の際、鑓76

吉江館があったとされる吉江の集落

丁、手明（兵士）10人、鉄砲5丁、大小旗6本、馬上（騎馬兵）8騎の105人の、喜四郎（資堅《すけかた》）が鑓60丁、手明15人、鉄砲5丁、大小旗10本、馬上15騎の105人の軍役を負担した。

1577（天正5）年12月23日、謙信が家臣80人余を記した上杉軍団動員名簿「上杉家家中名字尽手本」に喜四郎（信景、資堅）、織部佑（景資）の名前が見える。

謙信死後に起こった御館の乱では、吉江一族は景勝方として戦功をたてた。ところが1582（天正10）年3月、織田信長は武田勝頼を討つと、柴田勝家・前田利家・佐々成政らを越中へ送り、魚津城（魚津市）を包囲した。

4月23日、籠城軍の吉江宗信・信景、中条景泰（景資の子）らは連署して決死の覚悟を景勝の家老直江兼続に報じた。織田軍に包囲されること80日余。救援も食糧もなく、6月3日、落城。吉江一族をはじめ籠城の越後軍は玉砕した。

（2015年5月26日）

67 木場城跡

新発田氏反乱で攻防戦

木場城跡は新潟市西区木場1872番地付近（旧黒埼町）にあった平城跡。信越本線新潟駅から南方約14キロ。上越新幹線と北陸自動車道に挟まれた地域で、木場宮前バス停留所がある。

木場八幡宮と「宮のもり木場城公園」の西方2キロ、木場集落のはずれにあった。昭和30年代、天然ガス採取が行われたため、城跡遺構を確認することはできない。今日、水田の脇に「此附近木場城址推定地」の木柱が立っているにすぎない。かつてこの付近から中世陶器などが出土したという。

木場は信濃川の支流中ノ口川の自然堤防上に形成された集落である。木場の地名は、弥彦神社に用材を納めたことに由来する説がある。ここが木材の集散地であったことを物語っている。

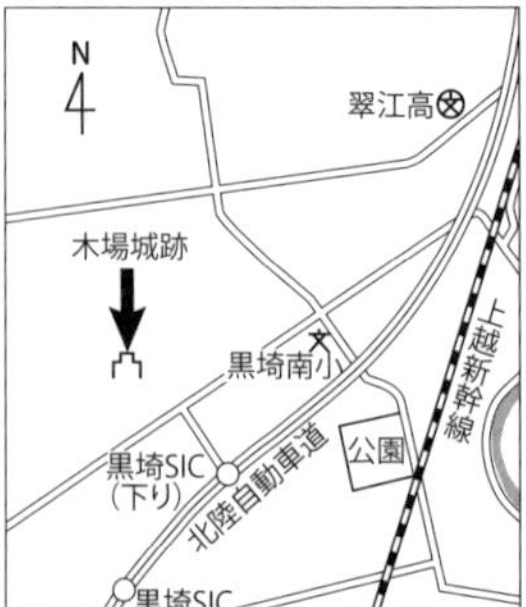

「木場」の文献上の初見は、1580（天正8）年5月22日の上杉景勝知行宛行状である。上杉謙信死後、家督相続をめぐって御館の乱が起こった。そのとき三条城（三条市）主・神余親綱は上杉景虎方であった。景勝方の山吉景長は神余を討ち、三条城を奪還した。その功により、景勝から木場の地があてがわれた。

一方、御館の乱の恩賞に不満を持った新発田城（新発田市）主・新発田重家が織田信長の勧誘に応じ、景勝に背いた。

景勝は重家の動向を監視するため、1581（天正9）年6月21日、旗持城（柏崎市）主・蓼沼《たでぬま》友重を木場城将に任じて本丸を、三条城の山吉景長に二曲輪（二

木場城推定地（五十嵐政人氏提供）

の丸）を守備させた。翌１５８２（天正10）年１月、景勝は新発田城攻略の兵たん基地となる三条城に甘粕近江守長重を命じた。

重家は信長の支援を受け、破竹の勢いで新潟と沼垂を占領し戦線を拡大した。そのため景勝方の蓼沼友重・山吉景長・本庄繁長・色部長真らは、新潟・新発田・水原などで新発田軍と戦った。

１５８２（天正10）年３月、新発田軍が木場城を攻撃した。４月、景勝は蓼沼・山吉に木場城守備の強化を命じた。６月２日、信長が京都本能寺で明智光秀に討たれると、戦況が一変。１５８７（天正15）年10月25日、景勝は新発田城を攻略した。重家討伐に７年を要したのである。

この後、景勝の家老直江兼続によって中ノ口川の改修工事が始まった。洪水対策、干拓、新田の開発など、近世への足掛かりとなった。

１５９８（慶長３）年、景勝の会津移封により木場城は廃城となり、その歴史に幕を閉じた。（２０１５年１月27日）

68 沢海城跡

阿賀野川改修、河川敷に

沢海《そうみ》城は新潟市江南区沢海、阿賀野川と小阿賀野川との分岐点、横越島の高所にあった。ところが1916（大正5）年の阿賀野川改修で河川敷となってしまった。「阿賀野川床固め公園」がその中心地といわれている。この付近は「御殿」と呼ばれている。北方文化博物館の南東1キロの所にある。

沢海の地は、会津と新潟への交通の要衝であった。「御本丸」が中心で、天守閣や外堀はなかった。御殿と城下町が形成されただけであったと思われる。北方文化博物館所蔵の「沢海城下町絵図」により、その一端が知り得る。

1598（慶長3）年、豊臣秀吉の命で、上杉景勝が会津へ移封、加賀大聖寺（石川県加賀市）から溝口秀勝が6万石で新発田に入城した。

1610（慶長15）年、秀勝の死去により次男善勝が1万4000石（幕府拝領の2000石を含める）で沢海に入り沢海藩初代となった。善勝は1614（慶長19）年と1615（元和元）年の大坂冬の陣、夏の陣に出兵、1626（寛永3）年、三代将軍家光の上洛の際、行列の先頭を務めた。

1634（寛永11）年に死去し、嫡男政勝が相続、1670（寛文10）年に嫡男政良へ。1683（天和3）年、養嗣子政親《まさちか》が四代を継いだ。1687（貞享4）年、お家騒動が起こり、お家断絶となった。沢海溝口家は、わずか4代77年間であった。政親の酒乱が原因であったという。

阿賀野川床固め公園。かつてこの辺りに沢海城があった

2代政勝と3代政良の墓は、大栄寺（沢海3―3―18）の墓地にある。

1688（元禄元）年、沢海は天領となり、現在の光円寺の地に出雲崎代官所（陣屋）が置かれた。1707（宝永4）年までの20年間で以後、旗本小浜氏の領地となり、1869（明治2）年までの162年間、続いた。

北方文化博物館は沢海2丁目15番25号にある。豪農伊藤家は1756（宝暦6）年、安蔵を祖とする。現在の大邸宅は1889（明治22）年に完成。昭和前期、田畑1372町歩、山林1000町歩を所有する越後随一の大地主であった。

沢海の西に位置する木津は、1411（応永18）年8月19日の「居多神社文書」によると、6反24歩が居多神社（上越市五智6―1―11）の社領であった。居多神社は弥彦神社とともに、越後国一の宮として、信仰されてきた。

（2017年9月12日）

69 村松城跡

城と城下町が焼失

村松城跡は五泉市村松乙2番地に位置する平城。磐越西線五泉駅を下車、バスで五泉市役所村松支所から徒歩10分。城跡は今日、城跡公園として市民に親しまれている。

城跡公園内に、五泉市村松郷土資料館・民具資料館、蒲原鉄道車両がある。郷土資料館には村松城の模型、村松藩主ゆかりの品々、藩政時代の城や城下町絵図、城内発掘出土品、村松の産業や文化を伝える資料などが展示されている。民具資料館には、市指定文化財式三番城町屋台をはじめ民具などが展示されている。

村松城跡付近には、本丁、仲丁、馬場丁、鍛冶丁、城町、寺町、御徒士《おかち》町、長柄《ながえ》町、大手通り、搦手、春日小路、搗屋小路などの城下町の地名や通称が残っている。特に武士の居住地には「丁」、町人町には「町」の字が用いられた。

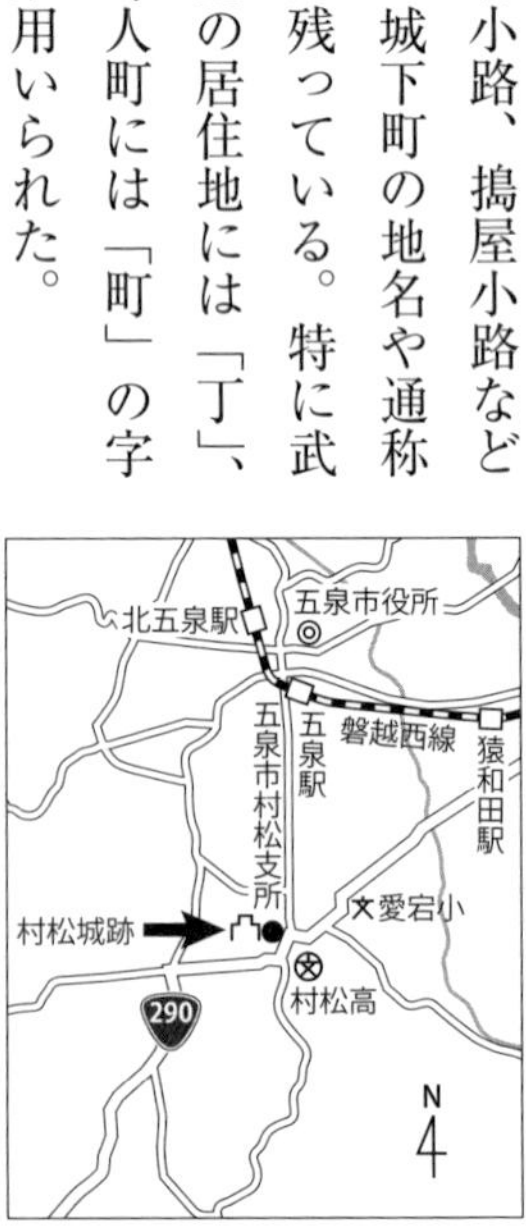

上杉謙信時代、菅名氏が菅名荘（旧村松町一帯）を本拠地としていた。1575（天正3）年2月16日の上杉家軍役帳に菅名与三が、1577（天正5）年12月23日の上杉軍団動員名簿「上杉家家中名字尽手本」に菅名綱輔が登場する。

上杉景勝時代、丸田周防守の支配地となった。1598（慶長3）年、景勝が会津へ転封となると、村松の地は村上城（村上市）主・村上頼勝の支配地となった。1618（元和4）年、村上忠勝の改易後、村上藩主・堀直竒の支配を受けた。

1644（正保元）年、堀直吉が3万石を賜り、村松藩が成立した。陣屋（藩主の屋敷）は御殿と御外庭

城跡公園内にある村松藩の紋入り手洗い鉢

からなり、周囲には土塁と堀を巡らせた。

1750（寛延3）年、書院・広間・内証の普請を始めた。村松陣屋と称した。1850（嘉永3）年、藩主・堀直央《なおひさ》のとき、城主格となり、村松城の大改修が行われた。堀家は明治維新まで11代、225年余り続いた。

1868（慶応4）年の戊辰戦争の際、村松藩は恭順論であった。ところが藩主・堀直賀《なおよし》は5月6日、米沢藩の説得に従って奥羽越列藩同盟に参加。そのため藩主は8月1日、村松を退去、米沢へ。4日、同盟軍と新政府軍との戦闘で城と城下町の多くは焼失した。

藩内の恭順派は先代藩主・堀直休《なおやす》の異母弟堀貞次郎を擁立、藩の存続を図った。8月9日、村松藩は会津藩征討の先鋒《せんぽう》を命じられて賊軍の汚名を返上した。この年12月、貞次郎が村松藩主に就任し、堀直弘となった。

（2015年2月24日）

70 五泉城跡

景勝時代に城主が活躍

五泉城跡は五泉市宮町5番46号、五泉八幡宮の地にあった平城。磐越西線五泉駅から1キロ。八幡宮参集殿の前に「甘粕備後守城跡」の石碑がある。1649（慶安2）年、八幡宮は宮腰の地から現在地に遷宮した。

言い伝えによると、1382（永徳2）年、数馬なる者が五泉城を築城したという。その後、銭駿河守、天野東山、中野玄正、矢代豊後守らが在城したと伝えるが、真偽のほどは分からない。

上杉景勝時代、五泉城主として活躍したのが、甘粕備後守景継である。景継は坂戸城（南魚沼市）主・長尾政景の臣登坂加賀守清高の長子で、はじめ藤右衛門清長と称した。景勝に従って春日山城に移り、御館の乱では樋口兼続（のちの直江）と共に景勝の勝利に大きな活躍をした。

1577（天正5）年、源姓甘粕孫右衛門継義討死のため、上杉謙信の命で甘粕家を相続した。剛勇無双の勇士で、やりとなぎなたの名手であったと伝える。

1581年（天正9）年11月24日、景勝の命で護摩堂城（田上町）主となった。新発田重家討伐に備えてであった。1583（天正11）年8月5日には五泉城主となった。このとき景勝の1字を賜り、名を「景継」と改めた。

1586（天正14）年5月20日、景勝は豊臣秀吉の招きで上洛の途についた。その際、景継は本庄繁長らと春日山城の留守を預かった。景勝は帰国すると、すぐ新発田重家討伐に向かった。1589（天正17）年6月、景勝の佐渡攻めに従軍し、先陣として功名をあ

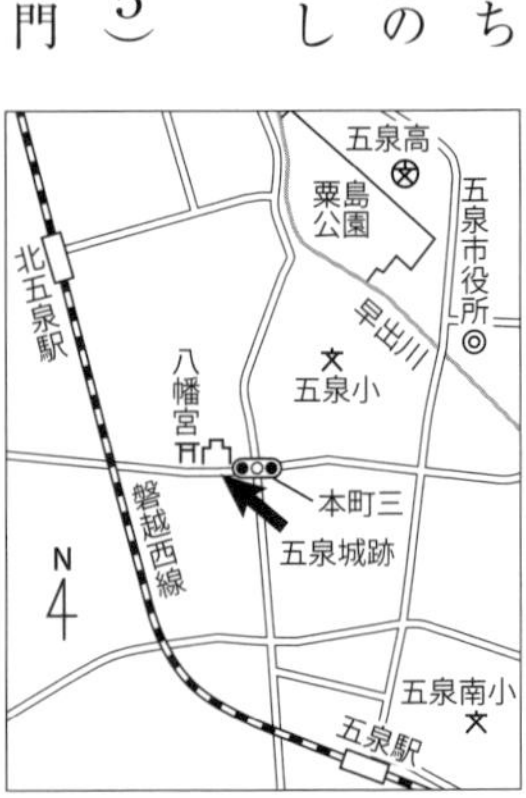

五泉八幡宮に立つ「甘粕備後守城跡」の石碑

げた。

　１５９３（文禄２）年10月12日、景勝から庄内酒田城（山形県酒田市）代に命じられ、１万１１９６石ならびに町役舟役を賜った。翌年の「文禄三年定納員数目録」によると、知行定納高７６９６石、軍役４６２人であった。

　１５９８（慶長３）年、景勝の会津移封に従い、白石城（宮城県白石市）代２万石に移った。１６１１（慶長16）年５月12日、死去。墓は米沢市の林泉寺にある。

　五泉市の踊り「帛《はく》の帯《び》」（市指定無形文化財）は甘粕景継の創始という伝承がある。保存会が今日に伝えている。

　五泉八幡宮は社記によると、８７９（元慶３）年の創祀という古社である。末社に服部神社がある。繊維産業の祖神として信仰されている。

（２０１５年３月10日）

71 津川城跡

山全体に石垣巡らせる

津川城跡は阿賀町津川の、阿賀野川と常浪川の合流地点に位置する麒麟山の西端に築かれた標高１２０《メートル》の山城で、県の史跡に指定されている。

山容が中国伝説の麒麟に似ていることから麒麟山城とも、キツネも登れないほどの険しさから狐戻城《きつねもどし》ともいう。磐越西線津川駅から麒麟橋、城山橋を渡り、町営麒麟山駐車場から登る。

野口雨情の歌碑「津川城山白きつね　子供が泣くから化けてみな」を眺め、侍屋敷跡、搦手口土塁跡、二の曲輪跡、門跡、石垣、西郷四郎の碑、本丸跡を経て天守跡（展望台）に至る。30分。ここに東屋、「麒麟山城阯碑」「麒麟山狐戻城」の碑、金上家の守護神金山稲荷神社がある。

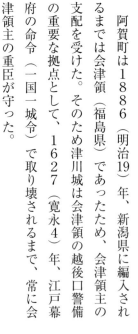

城山全体にわたって石垣が巡らされている。これは新潟県内でも珍しく、国境警備の城郭としての役割を知る上で重要な遺跡である。山麓には井戸、物資集積所、船着き場などを設けた。

１２５２（建長４）年、会津芦名《あしな》氏の一族藤倉盛弘が築城したと伝えられている。盛弘は金上氏の祖で、以後、金上氏代々の居城となった。

阿賀町は１８８６（明治19）年、新潟県に編入されるまでは会津領（福島県）であったため、会津領主の支配を受けた。そのため津川城は会津領の越後口警備の重要な拠点として、１６２７（寛永４）年、江戸幕府の命令（一国一城令）で取り壊されるまで、常に会津領主の重臣が守った。

金上氏は揚北衆《あがきたしゅう》と提携し、守護代長尾氏にたびたび

麒麟山の津川城跡に立つ「麒麟山城阯碑」と刻まれた碑

抵抗した。1589（天正17）年、芦名氏が伊達政宗に敗れた際、金上盛備《もりはる》も戦死した。金上氏の没落後、会津領主蒲生秀行の臣岡半兵衛重政、次いで秀行の子忠知が入城した。

1598（慶長3）年、上杉景勝は会津に移ると、津川城に藤田能登守信吉を1万1千石で入れた。信吉は1600（慶長5）年3月11日、出奔して徳川家康方に味方した。

麒麟山の植物群落は、県の天然記念物に指定されている。ユキツバキなど千種類以上の自然植生で、植物観察も楽しい。山麓には麒麟山温泉があり、ハイカーや温泉客が訪れている。

狐の嫁入り屋敷には、毎年5月3日に行われる「狐の嫁入り行列」に関する資料が展示されている。

（2013年8月27日）

72 細越館跡

方形で周囲に土塁構築

細越《ほそごえ》館跡は阿賀町（旧三川村）細越字大蔵橋、細越集落の西はずれ、県道新発田線沿いに位置する。磐越西線三川駅の東北4・5キロ。新谷川と行地川が合流する地点。「殿屋敷」と呼ばれている。

館跡は約70メートルの方形で、周囲に土塁が構築されていたことが分かる。東側には幅6メートルの堀跡が遺っている。現在は北東の隅に民家があり、ほかは荒れ地となっている。

細越館は小田切《おだぎり》駿河守の館跡と伝えられている。小田切氏は信濃国南佐久郡小田切の出身で、1291（正応4）年、政基が赤谷城（新発田市）を築き、1411（応永18）年、その一族が細越館に入ったという。

小田切氏は会津芦名氏領の越後国守備の任務を持った。1587（天正15）年9月14日、小田切三河守盛昭は新発田重家に味方したため、上杉景勝に攻められ落城した。

細越城跡は細越字三枚田に位置する。細越集落から新谷川にかかる細越橋を渡り、真言宗長福寺の観音堂から尾根を登る。城山と呼ばれ、標高186メートルの山城だ。草木が茂り、山頂付近に若干の削平地が見られる程度である。

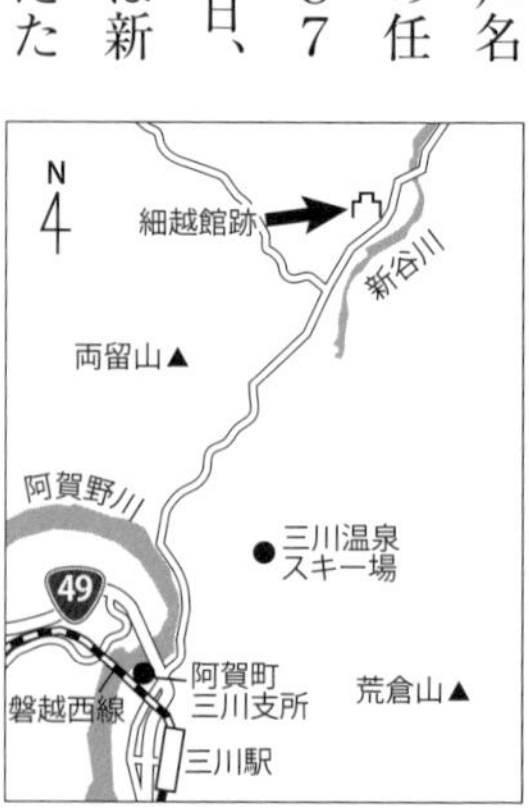

平等寺の薬師堂は阿賀町岩谷、三川駅の西方3キロにある。平安時代の995（長徳元）年、余五《よご》将軍と呼ばれた鎮守府将軍平維茂《たいらのこれもち》が阿賀野川の竜の口で薬師如来を拾い、薬師堂を建立したと伝えられている。

現在の薬師堂は1519（永正16）年、住職永源に

細越館跡の堀跡から細越城のあった城山を望む

よって再興されたという（永正14年説もある）。正面（梁間《はりま》）3間、側面（桁行《けたゆき》）4間、一重寄せ棟造り、茅葺《かやぶ》き、室町時代の特色が見られ、国の重要文化財に指定されている。

堂内には、参詣した人たちが書いた落書きが見られる。その中に１５７８（天正6）年3月13日、上杉謙信が死去した際に起こった御館の乱当時に書かれた落書きがあり、大変興味深い。

「天正六年ひのえとら三月十三日、謙信様御とんし（頓死）ニ付而、三郎（景虎）殿・喜平次（景勝）殿御名代あらそひ、国中いこいこに候条（略）」

会津芦名氏の兵が上杉景虎に味方し、上杉景勝方の兵に攻められ、敗れてこの寺に逃げ込んだ時書いたものである。当時の生々しい越後情勢が分かる貴重な史料である。

平等寺の境内に「将軍杉」がある。巨木で国の天然記念物に指定されている。樹齢１４００年と推定され、幹の太さは国内最大である。

（２０１７年5月9日）

73 安田城跡

「揚北衆」謙信に忠誠

安田城跡は阿賀野市保田字城ノ内に位置する平城で、県の史跡に指定されている。羽越本線水原駅からバス、保田下車、市役所安田支所から徒歩5分。

本丸跡は幅70メートル、長さ90メートル、憩いの場として交通公園、児童公園になっている。周りに幅20メートル前後の堀が巡らされている。二の丸跡には中央公民館、安田体育館、城ノ内野球場などがある。

城主の安田氏は伊豆の豪族桓武平氏の子孫大見氏を祖とする。源頼朝に従軍して軍功を立て、１１８５（文治元）年、家秀（家政）が白河荘地頭職《じとうしき》を賜り入国した。現在の阿賀野市（旧水原町、安田町、笹神村、京ケ瀬村）を中心とした地域である。

後に白河荘は上条（安田）、下条（水原）に分かれ、それぞれ安田氏、水原氏を名乗った。安田氏は安田城を根拠地に、揚北衆（阿賀野川以北の武将たち）の一人として守護上杉氏や上杉謙信に仕えた。

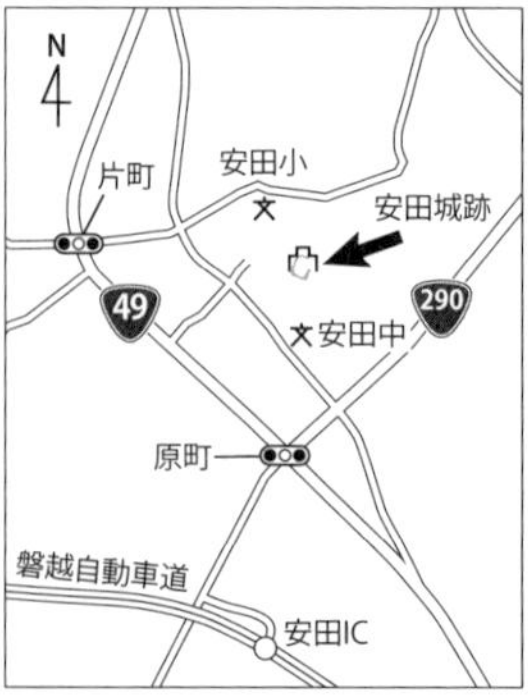

１５５９（永禄２）年10月28日の「侍衆御太刀之次第」に、安田新八郎が「披露太刀ノ衆」（国人衆）として本庄、中条、黒川、色部、新発田氏らと名前を連ねている。

１５６１（永禄４）年９月10日の第４回川中島の合戦で長秀は戦功を立て、同月13日、謙信から「血染めの感状」を賜った。１５７４（天正２）年９月の「安田氏給分帳」によると、安田氏は白河荘とその隣接地にも所領を持っていた。

翌１５７５（天正３）年２月16日の「上杉家軍役帳」によると、新太郎はいざ出陣の際、鑓90丁、手明（兵

本丸、土塁、堀跡が県の史跡に指定されている安田城跡

士）20人、鉄砲10丁、大小旗13本、馬上（騎馬兵）15騎の148人の軍役を負担した。1577（天正5）年12月23日、謙信が家臣80余人を記した上杉軍団動員名簿「上杉家家中名字尽手本」に新太郎の名が見える。新太郎と新八郎と同一人物かどうかは不明である。

　謙信死後の1578（天正6）年の御館の乱で、治部少輔は上杉景勝に味方し、9月20日、景勝より三潴《みつま》氏旧領分を賜った。1594（文禄3）年の「文禄三年定納員数目録」に筑前守堅親《かたちか》が登場する。

　1598（慶長3）年、上杉景勝の会津移封により、堅親も従った。代わって村上城主村上頼勝の家来吉武右近が入城。1618（元和4）年、村上氏に代わって村上城に入った堀直竒は、次男直時を3万石で安田城主に命じた。直時の子直吉は1644（正保元）年、幕府の許可を得て安田城を廃した。

（2013年12月24日）

74 水原城館跡

代官所置き、天領を支配

水原城館跡は阿賀野市外城町10番5号、水原代官所、ふるさと農業歴史資料館の位置にあった平城。市指定史跡。羽越本線水原駅から徒歩25分。

１９９５（平成7）年に復元された水原代官所の前に「水原城館　水原代官所跡」、前庭に「杉原常陸介碑」（１７５４年、2代目代官竹垣治部右衛門建立）のそれぞれ石碑がある。

伊豆国（静岡県）の豪族大見氏が源頼朝挙兵に参陣して軍功があり、白河荘地頭職に補任された。後、子孫は白河荘水原条を相伝し、水原氏を名乗った。

１５５９（永禄2）年10月28日の「侍衆御太刀之次第」の披露太刀の衆（国人衆）に水原小太郎の名前がある。１５７５（天正3）年2月16日の「上杉家軍役帳」によると、いざ出陣の際、水原満家は鑓58丁、手明（兵士）10人、鉄砲5丁、大小旗6本、馬上（騎馬兵）8騎の87人の軍役を負担した。

常陸介《ひたちのすけ》親憲《ちかのり》は大関阿波守親信の子で、弥七と称した。上杉景勝の命で水原家を相続、１５８６（天正14）年、水原城主となった。景勝に従って新発田重家討伐、佐渡平定、小田原攻め、出羽合戦、文禄の役などに参陣した。

１５９４（文禄3）年の「文禄三年定納員数目録」によると、知行定納高３４１４石、軍役１４９人であった。１５９８（慶長3）年、上杉景勝に従って猪苗代城（福島県猪苗代町）５５００石の城代となった。

１６０１（慶長6）年、景勝政権で会津三奉行の一人となった。１６１４（慶長19）年、大坂冬の陣に参

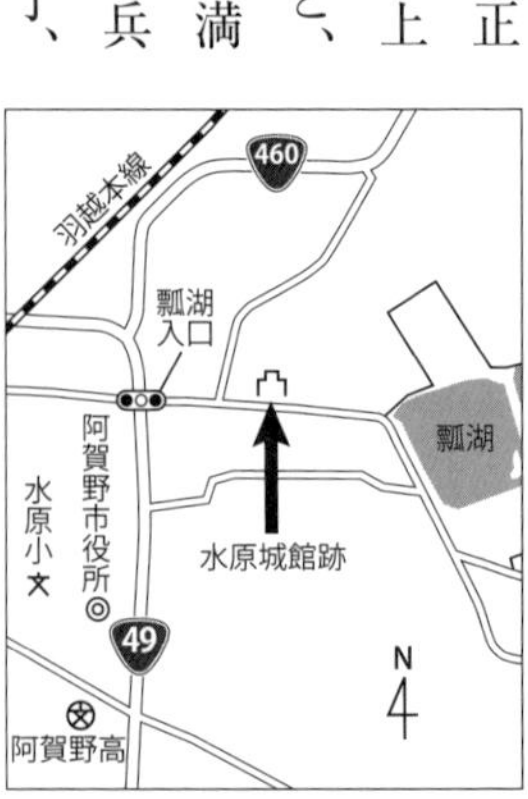

復元された水原代官所の前に立つ「水原城館　水原代官所跡」の石碑

陣。11月26日の鴫野口《しぎのぐち》の合戦で後藤基次と戦い勝利を得た。１６１５（元和元）年1月17日、将軍徳川秀忠から感状を賜った。以後、「杉原」と書き、「すいばら」と読んだ。１６１６（元和２）年5月22日死去。墓は山形県米沢市の林泉寺にある。

江戸幕府は１７４６（延享３）年、水原城館跡に代官所を置き、天領７万３千石を支配させた。

１８６８（慶応４）年３月、篠本信之助が代官を辞めると、会津藩（藩主松平容保《かたもり》）預かりとなった。萱野右兵衛が会津藩代官として着任。同年7月27日、新政府軍の来越で会津藩が撤退し、水原代官所の歴史は１２３年で終わった。代官所廃絶から１２７年後の１９９５（平成７）年8月25日、代官所が復元された。

（２０１５年３月24日）

75 新発田城

表門、10万石の隆盛 今に

新発田城は新発田市大手町に位置する近世の典型的な平城である。羽越本線新発田駅から徒歩20分。別名を菖蒲《あやめ》城、浮舟城（舟形城）、狐の尾引き城ともいう。初めて新発田の地に築城したのは、鎌倉時代、加治荘の地頭職に補任された佐々木源氏の末裔《まつえい》、新発田氏であった。上杉謙信時代、揚北衆の重鎮として勢力を固持した。

新発田重家は1581（天正9）年、御館の乱の恩賞に不満を持ち、上杉景勝に背いた。織田信長の支援を受けたが、翌年、本能寺の変で信長が自害すると苦戦に陥った。1587（天正15）年10月25日、自害。

1598（慶長3）年、加賀大聖寺城から6万石で入封した溝口秀勝は、新発田重家の居城跡に大城郭を建設した。二の丸の「古丸」が重家時代の本丸跡であったという。

11代直溥《なおひろ》の1860（万延元）年に加増されて10万石となった。城主の交代が頻繁に行われた江戸時代、外様大名溝口家は1869（明治2）年の版籍奉還まで12代、270年間在城した。

1872（明治5）年、城郭破却令が出されたとき、櫓11棟、門10棟あった。このうち本丸内の三階櫓、辰巳櫓、鉄砲櫓などが取り壊された。

今日遺っているのは、国の重要文化財建造物に指定されている本丸表門と旧二の丸隅櫓（1960＝昭和35年、旧鉄砲櫓跡へ解体移築）、本丸石垣と堀だけで、わずかに新発田城10万石の盛時を物語っているにすぎない。

新発田藩10万石の盛時を物語っている本丸表門

本丸表門は桁行き9間、梁間３間の櫓門で、２階床面に8カ所の石落としがある。二の丸とつなぐ橋は元木橋で、いざというときに落とすようになっていたという。隅櫓は二の丸にあったものを、１９５９（昭和34）年の解体修理後、本丸西南隅の鉄砲櫓跡に移築した。桁行き5間２尺、梁間４間２尺入り母屋造りの二層櫓である。

２００４（平成16）年には三階櫓と辰巳櫓が復元された。新発田城は「日本百名城」の一つに数えられている。現在、本丸跡は陸上自衛隊の駐屯基地となっている。

新発田藩関係の史跡には、大栄町７の藩主の別邸清水園（国名勝）、諏訪町３の足軽長屋（国重要文化財建造物）、五十公野《いじみの》の藩主別邸五十公野御茶屋（国名勝）がある。

（２０１３年６月11日）

76 五十公野城跡

上杉景勝に背いて落城

五十公野城跡は新発田市五十公野字御城山《みじょうやま》に位置する標高50メートル（比高30メートル）の丘城。五十公野丘陵の南端に位置する。羽越本線新発田駅から車で10分、老人福祉センター金蘭荘の奥に五十公野城跡案内板がある。

ここから五十公野城址保存会による整備された山道を登ること10分、本丸跡に至る。本丸跡は東西70メートル、南北25メートルの平坦地。「く」の字形の郭で、中央付近に土塁と石碑「五十公野城址」（1983年建立）がある。2014（平成26）年10月23日、五十公野落城428回忌慰霊祭が挙行された。

五十公野氏は新発田城主新発田氏と同族である。新発田氏は源頼朝から加治荘地頭職に補任された佐々木源氏の末裔である。上杉謙信時代、揚北衆の重鎮として勢力を固持した。

1568（永禄11）年8月18日、武田信玄の軍が信州長沼に進出してきたとき、謙信は武田軍に対するため新発田、五十公野らを信州飯山に派遣した。

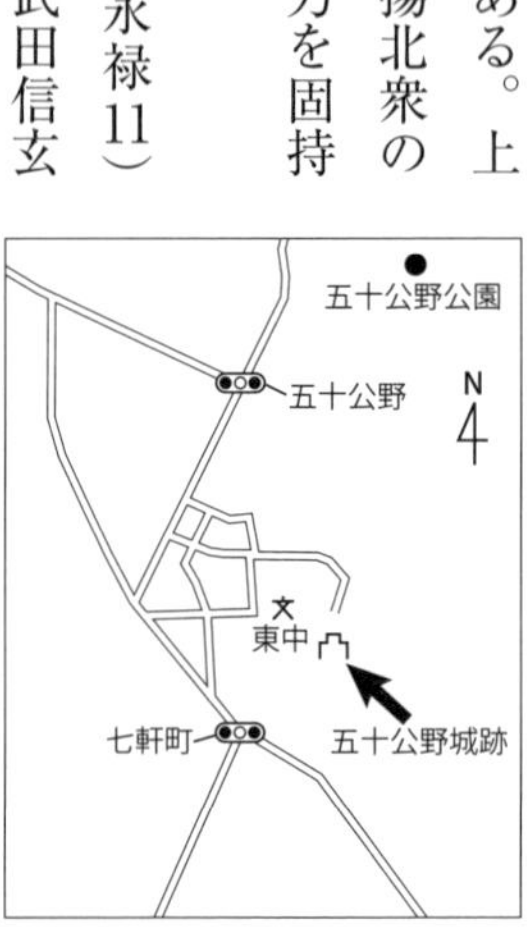

1575（天正3）年2月16日の「上杉家軍役帳」によると、五十公野右衛門尉は鑓80丁、手明（兵士）15人、鉄砲10丁、大小旗8本、馬上（騎馬兵）11騎の124人の軍役を負担した。1577（天正5）年12月23日の上杉軍団動員名簿「上杉家家中名字尽手本」にも五十公野右衛門尉が名前を連ねている。

1578（天正6）年、謙信が死去すると御館の乱が起こった。新発田長敦、重家（五十公野治長）兄弟らは景勝に味方。1579（天正7）年2月3日、重

五十公野城本丸跡の石碑

家は兄長敦とともに七尾城将の鰺坂長実宛てに至急来援するよう書状を出している。この頃、重家は五十公野家を継いでいた。

1581（天正9）年、重家は御館の乱の恩賞に不満をもち、織田信長に通じ景勝に背いた。1580（天正8）年の長敦死去で新発田城主となっていた。そのため重家の妹婿の三条道如斎信宗が五十公野城主となったのである。

1587（天正15）年8月9日、景勝は春日山城を出陣し新潟に着陣。13日に水原城を、9月14日に赤谷城を攻略、10月3日に五十公野城を攻めた。城主道如斎はよく戦ったが、10月23日、落城。道如斎は安養院（現・安楽寺）で自害。25日、新発田城も落城。重家は自害した。

五十公野城跡付近に古四王神社、式内社石井《いわい》神社、新発田藩主を祭る豊田神社、五十公野御茶屋、五十公野コミュニティーセンターなどがある。

（2015年7月28日）

77 竹俣城跡

景勝の会津移封で廃城

竹俣城跡は新発田市上三光《かみさんこう》字要害、羽越本線新発田駅北東10キロに位置する。標高280メートルの堅固な山城で、竹俣氏の本城であった。ここの南方、三光川をはさんで竹俣新城跡がある。上三光字上新城下新城、標高は200メートル。

「竹俣系図」に岩谷《いわや》城、滴水《てきみず》城が記載されている。岩谷城は竹俣城、滴水城は竹俣新城のことであろう。

三光川とその支流の扇状地に竹俣氏の館跡が点在する。宝積寺《ほうしゃくじ》館跡、岡塚館跡（竹俣館跡）、東城《とうじょう》跡などである。1394（応永元）年頃、佐々木加地一族の季綱《すえつな》が三光に城館を築いた。二俣の竹が生えたことから、竹俣を名乗ったと伝える。

宝積寺館跡は上三光字円満《えんまん》、今日、竹俣氏の菩提寺宝積寺が建つ。館跡は東西225メートル、南北276メートル。境内に竹俣家の墓、宝篋《ほうきょう》印塔《いんとう》七基がある。岡塚館跡は岡塚字館ノ内にあり、「竹俣氏館址」の石碑が立つ。東城跡は上三光字東城にあり、「竹俣氏東城本丸跡」の石碑がある。

竹俣氏の祖先佐々木盛綱は源頼朝の挙兵以来、戦功があった。特に鳥坂《とっさか》城（胎内市）の城資盛《じょうすけもり》討伐に総指揮を執り、加治荘（新発田市）の地頭職を賜った。以後、子孫は加地、竹俣、新発田の各氏に分かれた。竹俣氏は揚北衆の一人として、竹俣城を本拠地とした。

竹俣慶綱は上杉謙信、景勝に仕えた。1559（永禄2）年10月28日の「侍衆御太刀之次第」に披露太刀の衆として名を連ねている。

宝積寺にある竹俣家の墓、宝篋印塔（新発田市立歴史図書館提供）

1575（天正3）年2月16日の「上杉家軍役帳」によると、慶綱は鑓67丁、手明10人、鉄砲5丁、大小旗6本、馬上10騎の98人の軍役を負担した。1577（天正5）年12月23日の上杉軍団動員名簿「上杉家家中名字尽手本」に名を連ねている。

慶綱は1581（天正9）年4月から魚津城（富山県魚津市）守備にあたった。翌1582（天正10）年6月3日、織田信長軍の攻撃をうけ、山本寺景長、中条景泰、吉江信景らと討ち死にした。

慶綱のあと、家督は子の左京亮利綱が相続した。1594（文禄3）年の「文禄三年定納員数目録」によると、利綱は知行定納高921石、軍役55人小半役であった。

1598（慶長3）年、上杉景勝の会津移封に従い、守山城（福島県郡山市）の2100石の城代となった。以後、竹俣城は廃城となった。

（2017年8月8日）

78 加治城跡

新発田を望む要衝の地

加治城跡は新発田市東宮内字要害山に位置する標高165メートルの堅固な山城。羽越本線新発田駅東北方5キロ。藤戸神社（東宮内）の鳥居右脇から山道を登ること40分、本丸跡に至る。眼下に加治川から新発田市街が眺望できる要衝の地である。

本丸跡は幅25メートル、長さ50メートル、虎口（入り口）と土塁が構築されている。

鎌倉時代の初め、1201（建仁元）年、城資盛が板額《はんがく》と鳥坂城（胎内市）で挙兵した。幕命をうけた近江源氏の御家人佐々木盛綱は城氏を討伐した。その功により源頼朝から加治荘（金剛院領）の地頭職に補任されて入部。加治城を根拠地に勢力を拡張。以後、子孫は加地、竹俣、新発田各氏に分かれた。

1335（建武2）年12月23日と翌24日、加地景綱は足利尊氏方として平林城（村上市）主・色部高長らとともに松崎・沼垂（新潟市）で、南朝方の風間信濃守信昭、小国政光、荻（小木）らと戦った。翌年2月、景綱は風間軍の立て籠もる島崎城（長岡市）を攻略した。

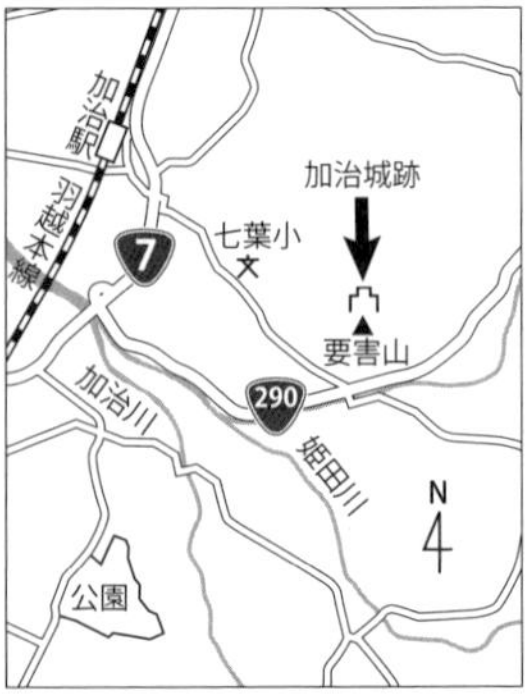

1559（永禄2）年10月28日、上杉謙信が京都（第2回上洛）から帰国すると、諸将は太刀を献上して祝賀した。「侍衆御太刀之次第」の披露太刀ノ衆（国人衆）に「加地殿」が名前を連ねている。

1575（天正3）年2月16日の「上杉家軍役帳」によると、彦次郎（加地春綱）は鑓108丁、手明15人、鉄砲10丁、大小旗10本、馬上15騎の158人の軍役を負担した。

加治城跡がある要害山

１５７７（天正５）年12月23日の上杉軍団動員名簿「上杉家家中名字尽手本」に宗七郎が登場する。彦次郎と宗七郎との関係は不明である。

謙信死後に起こった１５７８（天正６）年の御館の乱の際、春綱は当初、新発田長敦・五十公野重家・竹俣慶綱らと上杉景勝方であった。ところが９月、芦名盛氏の将小田切弾正忠に応じて景虎方となり、新発田・五十公野・竹俣と戦った。景虎の自刃により、春綱も降伏した。乱後、春綱は所領の一部を没収されたようである。

しかし１５９４（文禄３）年の「文禄三年定納員数目録」によると、加地氏（名前不詳）が６６２石３斗が与えられて、軍役39人半を出すよう記載されている。だが１５９７（慶長２）年、景勝の勘気をうけて、お家断絶となった。

藤戸神社は佐々木盛綱が勧請したと伝える。加地氏の菩提寺は蔵光《くらみつ》の曹洞宗香伝寺である。

（２０１６年４月12日）

79 鳥坂城跡

郭、土塁で堅固な防備

鳥坂城跡は別名を白鳥《しらとり》城、鶏冠《とっさか》城ともいう。胎内市羽黒、標高２９６メートルの白鳥山に築かれた要害堅固な山城。奥山荘城館遺跡（鳥坂城）として国指定史跡。羽越本線中条駅下車。

宮の入の鳥坂城跡案内板から急な山道を登る。七曲り、武者だまり、東屋の立つ展望台を経て本丸跡に至る。約50分。

本丸跡からの展望は素晴らしい。眼下に胎内市街地、胎内川、日本海、江上《えがみ》館跡などが眺望できる。東西に延びる尾根に6条の空堀と階段状の郭、土塁を構築し防備を固めた。山麓の羽黒に館を構えた。

平安時代末期、下越地方を根拠地に越後を支配した城氏の居城であった。城氏は桓武天皇の流れをくみ、余五将軍と呼ばれた平維茂の子孫で、越後平家の棟梁として、ときには国司をしのぐほどの勢力をもった。

１２０１（建仁元）年、城資盛は姨母《いぼ》の板額とこの城で挙兵した。板額は勇婦としてその名が高い。女性の身でありながら、弓は百発百中の腕前で、父兄以上であったという。板額は襲い来る幕府軍をめがけて矢を放った。当たって死なない者がいなかったという。落城後は、甲斐の阿佐利与一義遠に嫁いだ。

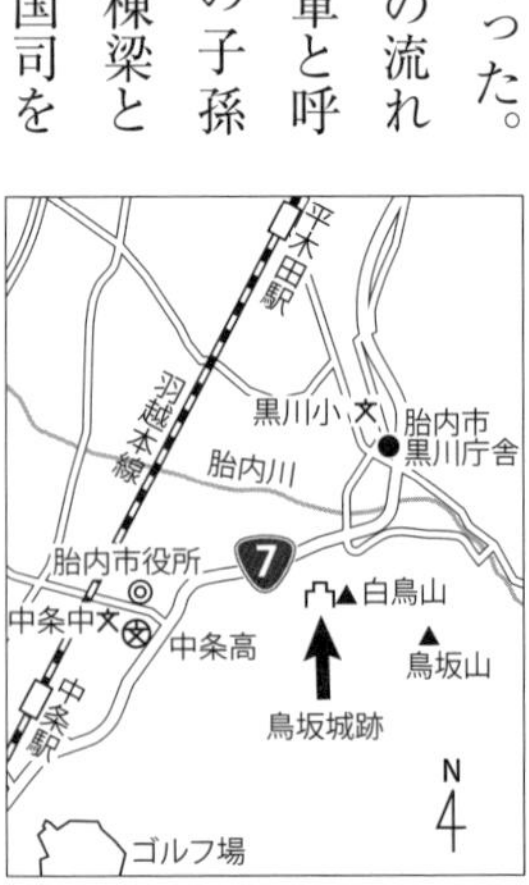

城氏滅亡後、鎌倉幕府侍所別当和田義盛の弟義茂が木曽義仲討伐の功により、奥山荘の地頭職に補任された。戦国期以降、和田氏は鳥坂城を根拠地に奥山荘を領し、中条氏を称した。

胎内市街地や日本海を見下ろす鳥坂城跡の展望台

１５０７（永正４）年、守護上杉房能と守護代長尾為景との対立の際、中条藤資《ふじすけ》は為景方となった。翌年５月24日には色部昌長の色部要害（平林城、村上市葛《つづ》籠《ら》山《やま》）を攻略。藤資は揚北衆の筆頭として、上杉謙信股肱《ここう》の勇将であった。

１５５９（永禄２）年10月23日の「侍衆御太刀之次第」の披露太刀の衆（国人衆）に中条が名前を連ねている。１５６１（永禄４）年９月10日の第４回川中島の合戦で越前守は軍功をたて、謙信から「血染めの感状」を賜った。

１５７５（天正３）年２月16日の「上杉家軍役帳」によると、中条与次（景泰）は出陣の際、鑓80丁、手明（兵士）20人、鉄砲10丁、大小旗15本、馬上（騎馬兵）15騎の１４０人の軍役を負担した。１５７７（天正５）年12月23日の上杉軍団動員名簿「上杉家家中名字尽手本」に与次（景泰）が名前を連ねている。

１５７８（天正６）年の御館の乱では、上杉景勝に味方した。１５９８（慶長３）年、景勝の会津移封に同行したため、廃城となった。

（２０１５年６月23日）

80 江上館跡

室町時代の中条氏拠点

江上館跡は胎内市本郷町字館の越に位置する館跡である。奥山荘城館遺跡（江上館）として、鳥坂城跡（胎内市羽黒）などとともに、国の史跡に指定されている。羽越本線中条駅下車、北方700メートルの古館《ふるだて》にある。

館跡は発掘調査前、畑・水田・杉林となっていて、極めて遺存状態はよかった。主郭（堀跡を含めて）は1辺110メートルの正方形。周囲には高さ2・5メートルの土塁が巻き、その外側に堀（幅15メートル前後）の一部が水田となっていた。

1962（昭和37）年、63（同38）年、91（平成3）年～96（同8）年に発掘調査が実施された。2002（同14）年から「奥山荘歴史の広場」としてオープン。南門（櫓門）、宿直所《とのい》（警備所）、板蔵、北門と蔀《しとみ》塀が復元された。主郭部分には主殿跡、井戸などの遺構が確認された。

館跡からは2個の青白磁梅瓶《せいはくじめいびん》（高さ37センチ）をはじめ、青磁袋物、香炉《こうろ》、盤《ばん》、茶道関連の天目《てんもく》茶碗、茶入《ちゃいれ》、茶葉壺《ちゃばつぼ》、風炉《ふろ》、茶釜、銚子、茶臼などをはじめ、おびただしい量の中国製の青磁・白磁などが出土した。国内産の珠洲《すず》焼、越前焼などはもちろんのことである（「奥山荘の歴史と江上館」・胎内市教育委員会発行）。これらの出土品は隣接する奥山荘歴史館に展示されている。

江上館は15世紀（室町時代）の80年間にわたって、奥山荘惣領地頭中条氏の居館であった。これらのことから、中条氏の華やかな地方文化の実態を知ることができる。

15世紀の奥山荘総領、中条氏の居館とされる江上館跡

戦国期に入ると、中条氏は鳥坂城の山麓に羽黒館、宮ノ入館を築き、移った。

江上館跡の位置する地は、藤原摂関家領奥山荘であった。ところが平安時代末期、越後平家方の城氏の支配下にあった。１２０１（建仁元）年、城氏滅亡後、鎌倉幕府侍所別当和田義盛の弟義茂が木曽義仲追討の功により、奥山荘（胎内市）の地頭職に補任された。

１２７７（建治３）年、時茂は孫３人に奥山荘を分与した。茂連の子孫は中条氏を、茂長の子孫は黒川氏を、義基の子孫は関沢氏をそれぞれ名乗り、揚北衆へと発展し、旧北蒲原郡中条町、黒川村の基となった。

胎内市所蔵の国重要文化財指定の「奥山荘波月《なみつき》条絵図」は、鎌倉時代末期に三浦和田一族間の所領相論に関して作成されたものである。高野市、七日市、鋳物師、家並等、当時の荘園の実態を知る貴重な資料である。

（２０１６年1月12日）

81 黒川城跡

堅固な山城頂に郭・空堀

黒川城跡は胎内市下館字要害に位置する標高301メートルの堅固な山城跡である。羽越本線中条駅から北東約6キロ。大蔵神社の脇から登ること1時間。山頂を中心に郭・空堀が構築されている。国の史跡に指定されている。

揚北衆の一人黒川氏は黒川城を要害とし、平素は山麓、大蔵神社参道入り口付近の黒川館で生活した。ここは東西100メートル、南北80メートルで広く、空堀と土塁で固めている。大蔵神社の北下から東下にかけても、空堀と門口、屋敷の跡が見られる。

鎌倉幕府侍所別当和田義盛の弟義茂は、源頼朝から木曽義仲追討の恩賞として、奥山荘（胎内市）地頭職を賜った。1277（建治3）年、時茂は孫3人に奥山荘を分与した。奥山荘の中央部（中条）は嫡孫茂連に、北部（北条）は茂長に、南部（南条）は義基であった。以後、茂連の子孫は中条氏を、茂長の子孫は黒川氏を、義基の子孫は関沢氏を名乗った。

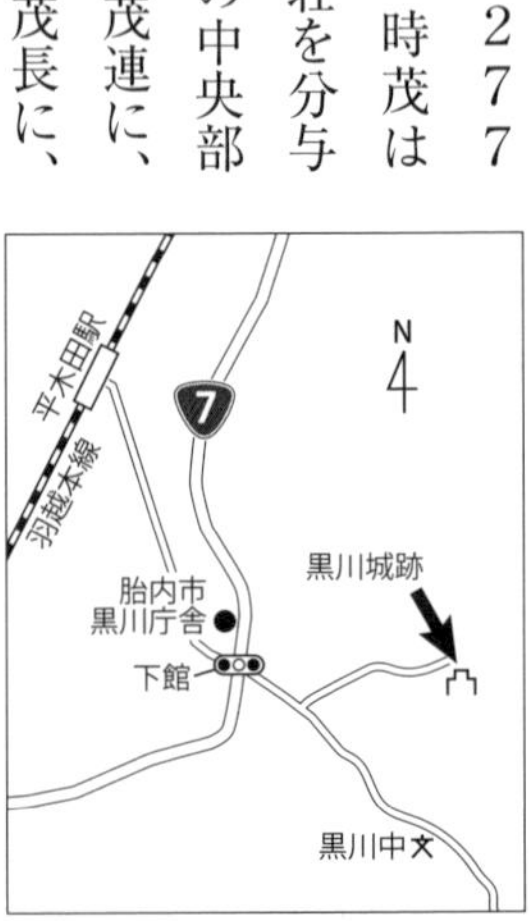

黒川清実は1575（天正3）年2月16日の「上杉家軍役帳」によると、鑓125丁、手明15人、鉄砲11丁、大小旗11本、馬上17騎の179人の軍役を負担した。1578（天正6）年の御館の乱では、清実は上杉景虎方となり、9月2日、中条景泰の鳥坂城（胎内市羽黒）を攻略した。乱後、許され、清実の子為実は1598（慶長3）年、上杉景勝に従って会津へ移った。以後、黒川城は廃城となった。

江戸時代、柳沢吉保の四男経隆《つねたか》を藩祖として黒川藩

黒川城跡を空から望む（胎内市教育委員会提供）

が成立した。経隆は１７２４（享保９）年閏４月28日、蒲原郡黒川１万石を賜り、譜代の小藩として黒川に陣屋を構えた。しかし藩主が江戸定府であったため、陣屋には数人の藩士が常駐していたにすぎなかった。江戸後期では、５人であった。

陣屋は、初め古屋敷（黒川農業協同組合）付近にあったが、１８６３（文久３）年、今の黒川保育園の場所に移転した。陣屋の広さは東西１００間、南北１１０間であった。

柳沢家は明治維新まで８代（経隆・里済《さとずみ》・里旭《さとあきら》・保《やす》卓《たか》・信有《のぶあり》・光被《みつひ》・光昭《みつてる》・光邦《みつくに》）、１４０年余り続いた。１８６８（慶応４）年の戊辰戦争で藩主光邦は新政府軍に帰順した。

黒川郷土文化伝習館（下赤谷）に、黒川陣屋で使用されていた１８６４（元治元）年９月銘の手洗鉢が保管されている。館内には黒川氏ゆかりの品々も展示されている。

（２０１７年７月11日）

82 上関城跡

山形へ通じる重要拠点

上関《かみせき》城跡は関川村上関、通称城山《しろやま》に位置する。上関集落東端、荒川左岸の河岸段丘上、標高40メートル。三潴《みつま》氏の居館跡といわれている。米坂線越後下関駅から1・2キロメートル、徒歩15分。高瀬温泉に向かう県道湯沢《ゆさわ》上関線の「温泉橋」手前に「上関城址」の石碑がある。

城跡は東西100メートル、南北250メートル。本丸跡・二の丸跡・三の丸跡・馬場などの郭が、土塁と空堀に囲まれて遺っている。虎口・土橋・桝形遺構も見られる。保存状態は、きわめてよい。本丸跡は幅30メートル、長さ70メートル、二の丸跡は幅30メートル、長さ90メートル、三の丸跡は幅50メートル、長さ60メートルの規模だ。

1970（昭和45）年に発掘調査が実施された。常滑系双耳壺1個、宋銭（元祐通宝・皇宋通宝・太平通宝）3枚などが出土。せきかわ歴史とみちの館に展示されている。

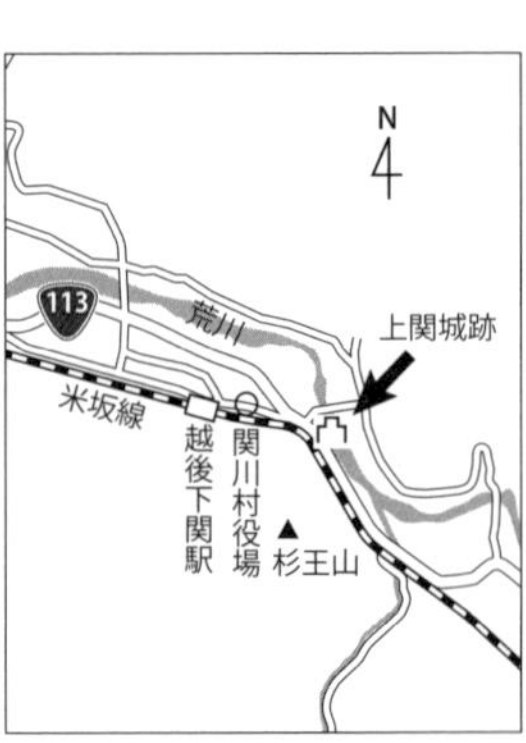

三潴氏と上関との関係について、次の2説がある。上関は出羽国の内陸（山形県置賜地方）へ通ずる要衝の地で、「桂関《かつらのせき》」という関所が置かれた。鎌倉幕府は筑後国三潴《みづま》荘（福岡県久留米市）の三潴左衛門尉を桂関の関吏《せきり》（関守）に補任したという説と、三潴荘の地頭和田義盛の弟義茂が奥山荘（胎内市）の地頭に補任された際に三潴氏が同行したという説だ。

三潴氏の文献上の初見は、1344（興国5）年である。左衛門大夫が黒川氏（胎内市）の土地争いの証人として立ち合っている。

1568（永禄11）年、村上城（村上市）の城主、

上関城の跡を示す石碑

本庄繁長が武田信玄に内応して上杉謙信に背いた。謙信は11月7日から村上城を攻撃。翌年1月9日夜半、繁長は謙信軍に夜襲をかけた。この際、平林城（村上市）の城主、色部勝長が戦死した。同13日、謙信は三潴出羽守政長に色部家の後見と本庄方の藤懸城攻略を命じた。

1578（天正6）年の御館の乱の際、政長は上杉景虎方に味方したため、上杉景勝に所領を没収された。1583（天正11）年、景勝は本庄繁長の要請を受け、三潴左近大夫長能を許した。

1594（文禄3）年の「文禄三年定納員数目録」によると、三潴左近助長能は183石3斗を与えられ、軍役11人を出すよう記載されている。のち、松本大炊の同心になった。

1598（慶長3）年、三潴左近長能は景勝の会津移封に従い、小国城（山形県鶴岡市）400石の城将となった。子孫は米沢藩士として明治維新を迎えた。

（2016年5月10日）

83 平林城跡

地頭・色部氏が400年統治

平林城跡は村上市葛籠山に位置する標高281メートルの要害山（加護山《かごやま》）に築かれた山城と山麓の居館跡。国の史跡に指定。羽越本線平林駅下車、2キロ。

色部氏は戦時の際、要害山に立て籠もり、平素は山麓の葛籠山館で生活した。駐車場から館跡に入ると、東西200メートル、南北90メートルの岩館《いわだて》があり、中曲輪を経て殿屋敷に至る。東西90メートル、南北150メートル、滝矢川、殿堀、土塁に囲まれている。殿屋敷は城主の館、岩館・中曲輪は家臣団の屋敷であったろう。今、史跡保存整備が行われている。

館跡から城戸跡、馬洗い場、首切り清水を経て登ること約1時間、要害山に至る。山頂は東西80メートル、南北60メートル、東端に櫓台跡がある。山頂を中心に曲輪や空堀、土塁、門跡、井戸などの遺構が遺っている。1597（慶長2）年の「越後国絵図」の「瀬波郡図」に「加護山古城」とある。すでに廃城となっていた。

色部氏は関東秩父氏の一族為長を祖とする。為長は富士川の戦いで戦功をたて、源頼朝から小泉荘色部条の地頭職に補任された。以後、16代、約400年間、平林城を根拠地に揚北衆の一人として大きな勢力をもった。

1559（永禄2）年10月28日の「侍衆御太刀之次第」の披露太刀の衆に色部（勝長）が名前を連ねている。1561（永禄4）年9月10日の第4回川中島の合戦で勝長は軍功をたて、謙信から「血染めの感状」を賜った。

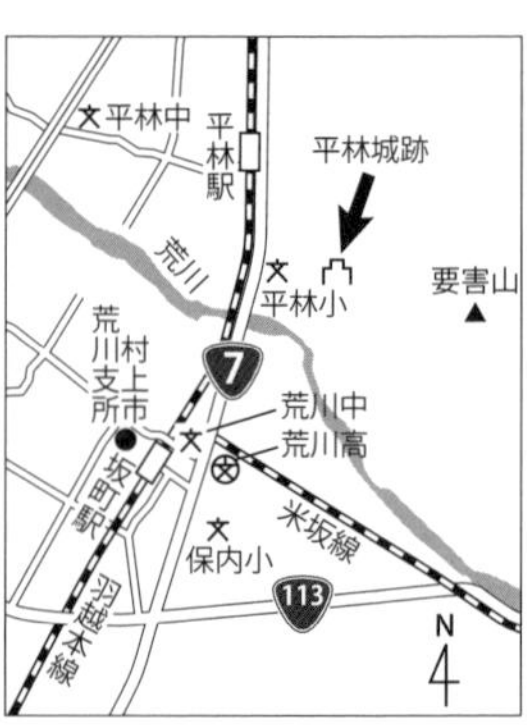

平林城跡の居館跡。殿屋敷と中曲輪の間の殿堀

1568（永禄11）年、本庄繁長が武田信玄に内通し、謙信に背くと、勝長は謙信軍として村上城を包囲。翌年1月9日、繁長が謙信軍に夜襲をかけた。両軍とも多くの死傷者を出した。中でも10日の勝長の戦死は痛ましかった。

1575（天正3）年2月16日の「上杉家軍役帳」によると、顕長は鑓160丁、手明（兵士）20人、鉄砲12丁、大小旗15本、馬上（騎馬兵）20騎の227人の軍役を負担した。1577（天正5）年12月23日の上杉軍団動員名簿「上杉家家中名字尽手本」に惣七郎（長真）が名前を連ねている。

1578（天正6）年の御館の乱には、長真が上杉景勝の勝利に大きな役割を果たした。乱後の恩賞に不満をもった新発田重家は織田信長の支援をうけて景勝に背いた。そのため景勝方の長真らは新潟・新発田・水原などで、新発田軍と戦った。1598（慶長3）年、光長は景勝の会津移封に従った。

（2015年7月14日）

84 村上城跡

戦乱、幕末を物語る石垣

村上城跡は村上市本町、羽越本線村上駅東方約3キロの臥牛《がぎゅう》山に築かれた標高135メートルの平山城で、国の史跡に指定されている。牛が寝転んだような姿をしていることから臥牛山城、縄張りのとき鶴が舞い降りたことから舞鶴城、また本庄城とも呼ばれている。

七曲がり道（登城道）を上ること20分。「お城山」と呼ばれ、市民の憩いの場となっている。眼下に日本海、村上市街、三面川などが眺望できる景勝の地である。桜、紅葉の時季は特に美しい。

本丸跡には天守櫓跡、門跡、「舞鶴城趾」と刻まれた石碑などがある。三百有余年の風雪に耐えた、苔《こけ》むした高石垣はひときわ美しく、当時の石工技術の高さがうかがえる。

三層の天守櫓は１６６７（寛文７）年の落雷で焼失、以後、再建されなかった。本丸跡下方に御鐘《おかね》門跡、玉櫓跡、四ツ門跡などがある。

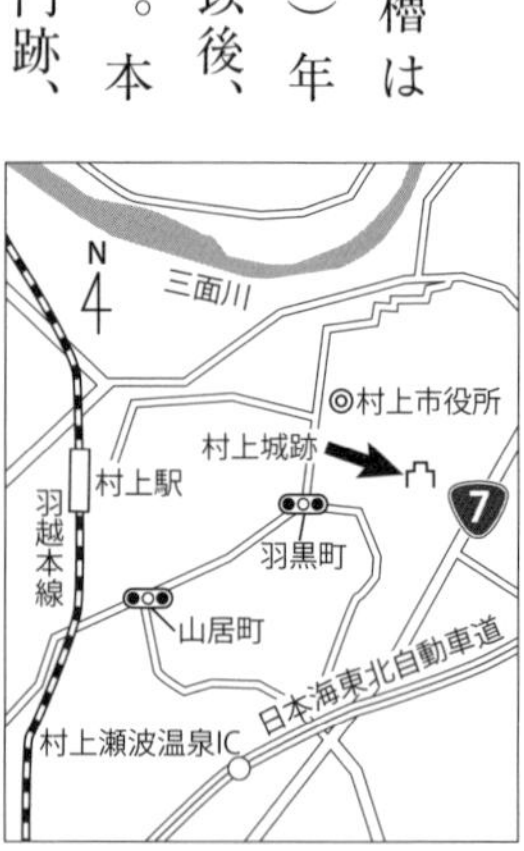

城主の館は、今日の「お城山児童公園」の位置にあった。防備のため曲がり角の多い道、T字形道路など、城下町の面影が市内の至る所に遺っている。

城の歴史は古い。関東秩父氏の一族、秩父行長が１２０６～７（建永年間）年、源頼朝から小泉荘本庄の地頭職に補任され、この地に城を築いた。以後、県北の地で勢力を拡大し、揚北衆の一人として、しばしば守護上杉氏や上杉謙信に抵抗した。

１５６８（永禄11）年、本庄繁長は武田信玄に内通し、謙信に背いたが、信玄の来援がなく、翌年、降伏した。

当時の石工技術の高さがうかがえる本丸の石垣

1598（慶長3）年、加賀小松城から村上勝頼が9万石で入城。近世の平山城に大修築した。1618（元和4）年、10万石で入城した堀直寄は石垣を築き、城下町を整備した。

江戸時代前半、本多忠義、松平直矩、榊原政倫、本多忠孝、松平輝貞、間部詮房の6家が次々と交代。この後、内藤弌信《かずのぶ》が入り、明治維新まで8代130年間続いた。

1868（慶応4）年8月11日、戊辰戦争の際、官軍の村上侵攻を前に藩論がまとまらず、城主の居館に火を放って落城した。山上の巽《たつみ》櫓、乾《いぬい》櫓、出櫓、靭《ゆぎ》櫓や武具庫、烟硝《えんしょう》庫なども明治初年に取り壊され、今日では石垣を遺すのみになってしまった。

（2013年5月28日）

85 大葉沢城跡

本丸に畝状の土塁と堀

大葉沢城跡は村上市大場沢に位置する標高85メートルの山城。県の史跡に指定されている。羽越本線村上駅下車。県道脇に大場沢公民館があり、大葉沢城と普済《ふさい》寺入り口の看板が立つ。

大場沢集落の西端、雷神《いかずち》社の鎮座する宮山《みややま》から普済寺裏山の寺山にかけての細長い丘陵上に城跡遺構がある。

普済寺の脇から開山塔（頭石）の並ぶ墓地を通って登ること15分、本丸跡に至る。ここの下には畝形阻塞が構築されている。土塁と堀が畝状に並列していて、50条以上を数える。全国的にも珍しい。その上、郭・空堀・土塁が全山を堅固にしている。戦国末期、鮎川盛長時代に大改修されたものと考える。今日、大葉沢城跡保存会が登山道を整備している。

大葉沢城を根拠地とした鮎川氏は、村上城主本庄氏の一族といわれ、揚北衆の一人として勢力を堅持した。

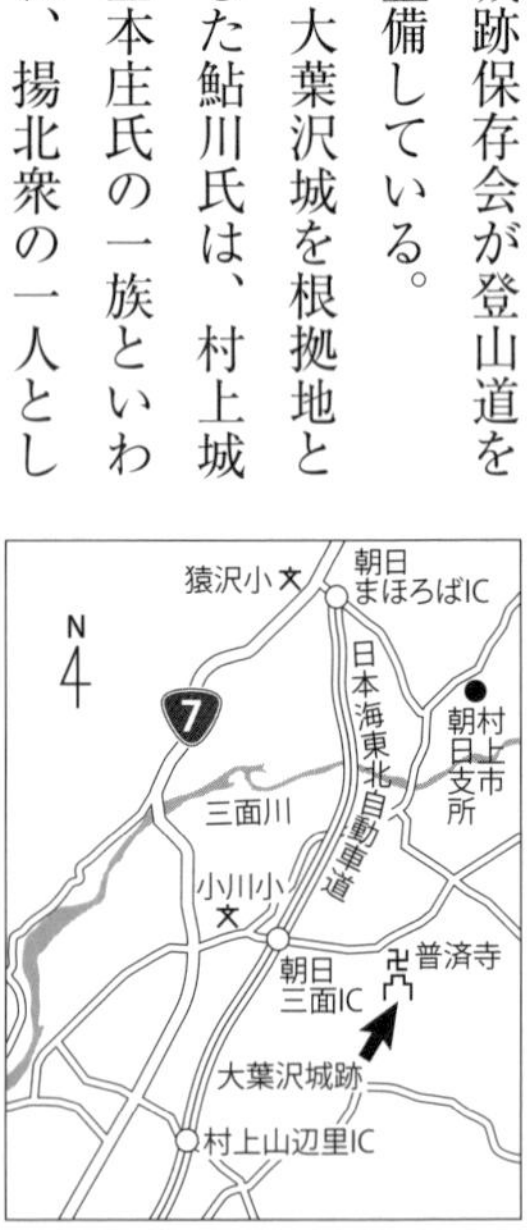

１５１２（永正9）年5月、鮎川式部大輔は越後守護上杉定実に抵抗した。守護代長尾為景は揚北衆の中条藤資・築地忠基らに討伐を命じた。鮎川は定実に降伏し、許された。

１５３１（享禄4）年1月、揚北衆・刈羽郡の諸将は出陣の際の陣中法度を作成した。そのなかに鮎川摂津守清長の名前が見える。

１５３５（天文4）年9月16日、上条《じょうじょう》城（柏崎市）主上条定兼方の中条藤資・鮎川清長らは羽前砂越氏維に救援を求め、かつ芦名盛舜《もりきよ》の出陣を報じた。

１５３８（天文7）年4月23日、上条定兼方の色部勝

大葉沢城跡の主郭

長・鮎川清長らは守護代長尾晴景に降伏し、享禄・天文の乱が終わった。

１５６８（永禄11）年、村上城主本庄繁長が甲斐の武田信玄に味方し、上杉謙信に背いた。このとき鮎川盛長は謙信に味方した。繁長は大葉沢城を攻めた。５月４日、謙信は盛長を居城に帰し、大葉沢城を救援させた。この日、謙信は盛長の留守将を褒めた。

１５７３（天正元）年５月14日、鮎川盛長は直江実綱と上杉謙信の命で、春日山城の実城（本丸）・二の郭・三の郭に塀を造った。

１５７７（天正５）年12月23日、謙信が家臣80人余の名前を記した上杉軍団動員名簿「上杉家家中名字尽手本」に、鮎川が見える。盛長のことであろう。翌１５７８（天正６）年、謙信の死後起こった御館の乱では、上杉景虎方となって景勝に抵抗した。

普済寺は１５２７（大永７）年、耕雲寺８世宗巌《そうげん》を開山とし、鮎川清長によって創建された古刹《こさつ》である。

（２０１５年４月14日）

あとがき

私と山城との出合いは、1962（昭和37）年、新潟県立安塚高校に赴任した時であった。学校の裏山が標高344メートル《メートル》の中世の代表的な山城「直峰城《のうみねじょう》」（県指定史跡）であった。南北朝時代（14世紀）の頃、南朝方として活躍した風間信濃守信昭の居城であった。最近では2009（平成21）年、NHK大河ドラマ「天地人」で主役を演じた妻夫木聡《つまぶきさとし》さんの父親高嶋政伸さん、すなわち樋口兼豊《かねとよ》が城主であった城である。兼豊は山形県の米沢城下に移るまでの14年間、城主を務めた。

私は休日を利用して直峰城跡を歩き回り、城の規模（郭・空堀・土塁など）を実測した。同時に東頸城郡内の山城にも足を運んだ。1967（昭和42）年、柿崎高校に転勤してからは、柏崎・長岡方面に、1979（同54）年に直江津高校に移ってからは上越地方だけでなく、下越地方へも足を延ばした。

大学時代から戦国時代（織田信長・豊臣秀吉・徳川家康）、とりわけ上杉謙信を調べていた私は、史料・文献だけでは不十分であることに気付いた。そこで謙信の居城春日山城とその家臣団の居城を調べることにしたのである。

私の城郭研究に役立ったのは、１９６４（昭和39）年から１９６６（同41）年の御館跡発掘（上越市五智１丁目）と１９６７（昭和42）年から１９６９（同44）年の福島城跡発掘（上越市港町）に参加できたことであった。

御館は上杉謙信が関東管領上杉憲政の館として築造した。以後、謙信はここを政庁として使用した。１５７８（天正６）年３月13日、謙信が死去すると家督相続争い「御館の乱」が起こった。上杉景勝は春日山城に、景虎は御館に立て籠もり戦った。翌年３月17日、景勝軍の攻撃をうけて落城した。御館跡の発掘では、御館の乱の激戦を物語る鉛弾をはじめ陶磁器・武具・刀剣・銭貨・漆器・曲げ物・べっこう製のくしやかんざしなどの遺物が出土した。これらから上杉家の優雅な生活ぶりがしのばれる。私は発掘を通して自分の目で確かめることができたことは幸せだった。

福島城跡の発掘では、近世初頭の城郭を勉強することができた。この城は１６０７（慶長12）年から１６１４（同19）年までの７年間しか使用されなかった。ここから出土したものは、この７年間に使用されたものだけであった。陶磁器（白磁・青磁・染付・織部・志野・天目・唐津など）、瓦（平瓦・丸瓦・軒平瓦・軒丸瓦・しび）など。

1598（慶長3）年、上杉景勝のあと春日山城に入った堀秀治が、福島築城を始めたのは、鉄砲・大砲の使用により山城としての機能が失われ、国政の中心としての適地に大規模な城郭を造る必要が生じたからである。

ところが1610（慶長15）年、徳川家康の六男松平忠輝が福島城に入ると間もなく高田菩提ケ原に新城「高田城」を築いた。それは加賀の前田氏、出羽の上杉氏に対するためと、諸大名に天下普請を命じることにより経済的圧迫を加えようとしたものと、佐渡金山の支配を強化するためなどであった。このことから越後に徳川一門の城が必要であったからである。こうして1614（慶長19）年3月15日、本格的な工事が始まった。仙台城主伊達政宗、米沢城主上杉景勝ら13人の大名が家康の命令で参加した。7月には、忠輝は福島城を廃して高田城に入った。こうして福島城は7年でその使命を終えた。

次に『新潟県史』をはじめ市町村史の編さん事業が始まったことである。私は1977（昭和52）年から『新潟県史』中世史部会と文化財部会に所属し、15年間にわたって参加した。この間、山形県米沢市の上杉家に出向き、上杉謙信・景勝関係文書を調査した（現在は米沢市上杉博物館に所蔵）。

その中に謙信が居多神社に下した1560（永禄3）年の制札の案文（下書き）があった。大変興奮したことを今でもよく覚えている。

「上杉家文書」を調査した関係で「上杉謙信家臣団と軍役」の一覧表と「上杉謙信七十

回の戦績」をまとめることができた。1575（天正3）年の「上杉家軍役帳」によると、武将39人と鑓3609丁、手明650人、鉄砲316丁、弓5張、大小旗368本、馬上566騎の5553人であった。謙信の70回の戦績は43勝2敗25分け、勝率95・6％であった。

『新潟県史』が発刊された昭和50年代後半から県内の各自治体で市町村史の発刊が始まった。私は安塚高校、柿崎高校、直江津高校に勤務したことから、上越市史、安塚町史、柿崎町史など上越地方の戦国時代史と山城を執筆する機会を得た。さらに柏崎市史、出雲崎町史、和島村史、堀之内町史など20の市町村史を執筆することができた。

私の執筆は1962（昭和37）年から半世紀を超えた。これらを基に「越後史跡紀行」を新潟日報紙上に連載執筆することができた。なお、本書の編集にあたり多大なご協力をいただきました新潟日報事業社の新保一憲氏に心から感謝申し上げます。

2018（平成30）年12月

花ケ前盛明

花ヶ前　盛明（はながさき・もりあき）

1937年生まれ。国学院大学大学院修士課程（日本史学）修了。越後一の宮居多神社宮司。新潟県文化財保護連盟副会長、上越市文化財調査審議会副委員長、上越郷土研究会会長。上杉謙信や直江兼続に関する多数の著書がある。「新潟県史」「上越市史」など、20の県市町村史を執筆。

著　書　『上杉謙信』（新潟日報事業社）1988年
『にいがた歴史紀行　14　上越市』（新潟日報事業社）1995年
『上杉謙信　ゆかりの地を訪ねて』（新潟日報事業社）2002年
『越佐の神社』（新潟日報事業社）2002年
『新・にいがた歴史紀行　10　新・上越市』（新潟日報事業社）2005年
『越後　上杉一族』（新人物往来社）2005年
『上杉謙信』新装版（新人物往来社）2007年
『新潟県人物小伝　直江兼続』（新潟日報事業社）2008年
『直江兼続　史跡探訪』（新潟日報事業社）2009年
『新潟県人物小伝　上杉謙信』（新潟日報事業社）2010年
『越後史跡紀行』（新潟日報事業社）2018年

編著書　『上杉謙信大辞典』コンパクト版（新人物往来社）2002年
『直江兼続のすべて』新装版（新人物往来社）2008年
『新編　上杉謙信のすべて』（新人物往来社）2008年
『上杉景勝のすべて』新装版（新人物往来社）2008年
『直江兼続大辞典』（新人物往来社）2008年
平成20年、新潟県知事表彰を受ける
平成21年、ＮＨＫ大河ドラマ「天地人」資料提供担当
平成22年、文部科学大臣表彰を受ける（地域文化功労者）

現住所　〒942-0081　新潟県上越市五智6-1-11

越後史跡紀行《えちごしせききこう》 —歴史《れきし》と人物《じんぶつ》—

平成30(2018)年12月23日　初版第1刷発行
令和 2(2020)年 5月 8日　初版第2刷発行
令和 3(2021)年 8月20日　初版第3刷発行
令和 4(2022)年 3月 1日　初版第4刷発行

著　者　花ヶ前盛明
発行者　渡辺英美子
発行所　新潟日報事業社
〒950-8546
新潟市中央区万代3丁目1番1号 メディアシップ14階
TEL 025-383-8020　FAX 025-383-8028
http://www.nnj-net.co.jp/
印　刷　株式会社第一印刷所

©Moriaki Hanagasaki 2018. Printed in Japan
落丁・乱丁本は送料小社負担にてお取り替えします。
定価はカバーに表示してあります。
ISBN978-4-86132-700-1